英語教育史
重要文献集成

［監修・解題］江利川 春雄

■第7巻■　英語学習法　2

◆英語研究苦心談　十六大家講演集

第一外国語学校 編

ゆまに書房

凡例

一、「英語教育史重要文献集成」第Ⅱ期全五巻は、好評を頂いた第Ⅰ期全五巻に引き続き、日本の英語教育史において欠くことのできない重要文献のうち、特に今日的な示唆に富むものを精選して復刻したものである。いずれも国立国会図書館デジタルコレクションで一般公開されておらず、復刻版もなく、所蔵する図書館も僅少で、閲覧が困難な文献である。

第六巻　英語学習法一
第七巻　英語学習法二
第八巻　英語教員講習一
第九巻　英語教員講習二
第一〇巻　英学史研究

一、復刻にあたっては、歴史資料的価値を尊重して原文のままとした。ただし、寸法については適宜縮小した。

一、底本の印刷状態や保存状態等の理由により、一部判読が困難な箇所がある。

一、第七巻は、英語学習法二として、次の文献を復刻した。
第一外国語学校（村井知至《ともよし》代表）編『英語研究苦心談　十六大家講演集』文化生活研究会、一九二五（大正一四）年一月一五日発行、四六版、三八八ページ＋図版四ページ。

これは、村井知至、安部磯雄、武信《たけのぶ》由太郎など一六人の英語の大家たちが、自身の英語学習・研究体験を披瀝し、学習法を述べた重要文献である。講演筆記のため読みやすく、人間味あふれる逸話を楽しみながら英語習得の奥義を学ぶことができる。

一、本巻の復刻に当たって、複写等で協力をいただいた上野舞斗氏（和歌山大学大学院生、現・関西大学大学院博士課程）に感謝申し上げる。

英語学習法二　目次

英語研究苦心談　十六大家講演集

HOW TO LEARN ENGLISH

十六大家講演集

英語研究苦心談

第一外國語學校編纂

英語研究苦心談

――十六大家講演集――

第一外國語學校

第一外國語學校大講堂

井上先生

吉岡先生

岡田先生

武信先生

村田先生

村井先生

植原先生

熊本先生

小林先生

山口先生

安部先生

鹽谷先生

岸本先生

森先生

緒言

大震後滿一年の本年九月、私は同志の人々と相謀つて、第一外國語學校を設立した。その開校の先驅として、七月二十三日から八月十日まで、岡田君と共に『村井、岡田夏期講習會』なるものを開催したのである。その際、我が英學界の巨星十數氏に、一場の講演によつて私共に聲援を與へられ、且つ諸氏の深奥なる學識と該博なる經驗とを以て後進の啓發に資せられんことを懇請した。諸氏は第一外國語學校の設立に對して熱烈なる贊意を表せられ、私共に對する多年の交誼を重んぜらるゝと、又青年指導の爲めには如何なる犧牲をも敢てせらるゝ素志とによつて、人も知る如く多忙の身でありながら、その貴重なる時間を割愛され、炎暑をも厭はれずして、私共の願を快諾されたのである。

この事を聞き及んだ書肆文化生活研究會は、好機逸すべからずとなし、斯くも貴重なる折角の講演を僅々數百名の青年に聽かしめるに止むるは遺憾の極みなれば、是非とも纏めて一卷の書物にして、擴く世間に傳へたいと申出たので、同書肆と相談の上諸先生の講演を速記せしめたものが、今茲にこの冊子となつて表はれたのである。英語の學習に志す人々、別けて、高等諸學校の入學試驗に應ぜんとする人々は、この書物を熟讀吟味して、先輩の經驗に鑑みその忠言に從はるれば、蓋し得る所尠少でないと信ずる。

卷頭に講演者の寫眞を附したのは、會場に於て親しく聽講することの出來なかつた人々をして、幾分なりとも講演者の謦咳に接するの感を抱かしめようとの考に出でたものである。然るに德富、杉村兩先生の寫眞は不幸にして手に入れることが出來なかつたのは編者の殘懷とする處である。

今、この冊子の出版さるゝに至つた經路を略叙するに當つて、私は講演者諸氏が、講演を快諾せられたのみならず、その講演を印刷に附することをも承認された好意を深謝する。

大正甲子歳冬

村井知至識

目次

英語研究苦心談……第一外國語學校長　村井知至……一
ハウ・ツウ・ラン・イングリッシユ……衆議院議員　植原悅二郎……四三
私の經驗……東京商科大學敎授　山口鐡太……七七
グーアンの外國語修得法……早稻田大學敎授　安部磯雄……九七
英語研究の根本義……元東京高等師範學校敎授　鹽谷榮……一一一
英語の綴字發音語原等に就いて……早稻田大學敎授　岸本能武太……一四三
ファストリーデング……外國語學校敎授　吉岡源一郎……一六五
英語學習の一注意……學習院敎授　熊本謙二郎……一九九
語學研究漫言……第一高等學校敎授　森卷吉……二二一

活きた言葉の學び方……第一外國語學校副校長　岡田實麿……二四三

如何にして英語を學ぶべきか
を如何にして學ぶべきか……東京朝日新聞編輯長　杉村廣太郎……二六九

How to learn English……井上十吉……二九三

英語發音の科學的研究……小林光茂……三一九

英語界の大遺利……第一高等學校教授　村田祐治……三三五

商業英語に就いて……早稲田大學教授　武信由太郎……三五五

村井先生……德富健次郎……三七一

序……第一外國語學校長　村井知至……卷

英語研究苦心談

村井知至

英語研究苦心談

今日は私の過去五十年間に於ける英語研究に關する苦心談を諸君の前に腹藏なく披瀝して見やうといふ考ですが、或は其中に幾分か皆さんの御參考になる事もあらうかと思ふのであります、そこで私の生涯を四つか五つのピリオドに分けて、お話する。一番初めは私の鄉里時代、その鄉里といふのは伊豫は松山でありますが、此松山の中學時代に於ける英語の經驗を申上げて見たいと思ひます。

(一) 鄉里の中學校時代

初めて英語のＡＢＣを學びましたのが明治七年で恐らくは諸君の中一人もまだ

此世の中に生れて居ない時分であらうと思ひます。さうして其當時郷里で學びました英語と云ふものはどう云ふ英語であつたか、それは實に言語道斷お話にならない樣な英語でありますし、當時新設された中學校に初めて私は一年生として這入つたのであるが、抑も其中學校は何と云ふ名であつたかと云ふと、松山變則中學校と名命されたのである。其時代は變則英語と云ふものの全盛時代であつたので英語と云へば變則英語に限るとされてゐた。そこでその變則英語を教へる學校と云ふ所から松山變則中學校と云つたものである、もう今日となつては變則英語など云ふものは世間の人々から忘れられてしまうて、諸君の中でもそんな言葉を聞いたことのない方が澤山あるであらうと思ひます。併し今日でもその跟跡は慥かに殘つて居る。例へば神田に正則英語學校と云ふのがある、あれが矢張り昔流行した變則英語と云ふことに反對して附けられた名に相違ない。又そのお隣りに國民英學會と云ふのがある。昔時は英語と云ふことは云はないで、英學と云ふたもの、それであの國民英學會と云ふ名も暗に昔の變則英語時代を物語つてゐるのであります。

そこで私が初めて學びましたのは變則英語と云ふもので、小學校を卒業したばかりの幼稚な頭に此種の英語を叩き込まれたのである。偖變則英語なるものはどう云ふものかと云ふに、書物を讀んで唯その意味が分ればいゝ、文法がどうであつても發音がどうであつても、話が出來なくても聽くことが出來なくとも少しも頓着しない兎に角書物の內容卽ちその思想を握りさへすればよいと云ふのが所謂變則英語と云ふものゝ本領なのである。さうであるから當時の英語發音など云ふものは滅茶苦茶で、今考へて見ると抱腹絕倒であります。私は一番初にウイルソンのリーダーを敎はつたのであるがその中に"Come here, my child"と云ふ言葉がある、それを敎へてくれた先生が讀まないでもいゝ、意味さへ敎へて呉れゝばいゝのに、大きな聲を張り上げて譯する前にそれを讀まれる。さうして Come here, my child をコム、ヒル、ミ、チルドと發音されるのである。今日となつては實に滑稽の沙汰であるが、當時はそれで通つたのであります。それから tongue (舌) をトンギュー、unique をアニキ、circumstance をシルコムスタンス、but をブットなど發音した。書生達が町を歩いてゐる、向ふから女がやつて來る、「オイあの女のフアックはどうだい」などいふ。あの女のフアックとは何のことかと思ふと「顏」といふ字なので卽ち face をフアックと發音するのである。さう云ふ譯で發音などゝ云ふものは實に慘憺たるものであつた。それでも兎に角に本さへ讀んで解れば宜いと云ふのが變則英語なのである。さうして今日は段々といゝ字引が出來て、諸君の如きは完全な字引に依つて英語を學ぶことが出來る。私達の昔と比べて見たら諸君は實に仕合で羨ましい程、樂に勉强が出來るわけである。私の松山中學時代に於て用ゐた英和辭書と云ふものは丁度枕になる位な厚い字引である。もう其字引は絶版で買はうと云つてもない。所が五六年前私が偶々鄕里歸つた時、大和屋と云ふ本屋に昔時私の使つたその字引が一册五十錢で古本に出て居つた。是は珍らしい、一つ記念に買うて置かうと思うて早速之を買うて歸りましたが、歸つてから段々其字引を開けて見ると實にその譯語が振つてゐる。例せば Railway（鐵道）と云ふ字の譯が「火輪車の道」とある。火輪者の道と云ふのは今思ふと何の事やら分らない。郵便局長が「飛脚屋の支配役人」、School master（小學校の先生）が「儒者」成程漢學先生なら儒者ですから斯く譯したと見へる。Bank（銀行）と云ふ字を「金銀を預かる所」と譯してある。Banker（銀行家）を「兩換する人」、Book-keeping が「帳簿の算用を司ること」、洋服のポケットは「上衣に附けてある袋」、それから "Smooth face" と云ふ言葉は髭のない綺麗に剃つた顏なのだが、それを「顏の柔和なる」と譯してある。成程直譯すればさう云ふ意味にもなるであらう。又 Specimen（標本）と云ふ字が「完き物の例を示す爲めに試みに現はした一小部分」と譯されてゐる、編纂者が如何にも苦心したと云ふことが分る。それから一番面白いのは diplomatist（外交官）を「古書に依りて全權の勤め方を珍味する術に熟した人間」と説明して居る。一口に外交官と云へば分るものを斯く長たらしく云はなければならなかつたわけで實にその骨折の程が思はれるではありませんか。併しこう云つた風の譯で出來てゐる字引だから字引を用ゐても何のことだか解り難い。でもそれより外に英語の字引といふは更になくそれが唯一の私共が賴りとした所の字引であつたのである。それと首引して、六づかしい書物を讀まねばならないといふわけだからその苦しみと云ふものは決して尋常一樣ではなかつたのである。囘顧すれば私は此變則英語と云ふものを敎へ込まれた爲めに、私の英語には惡い癖が出來、後に至りて其癖を取ることに非常の努力をしたのである。初から善い英語を學ぶよりも、學んだ惡い英語を unlearn することは非常に骨が折れる。私は誠に損な英語の研究をしたかと思ふのであります。

然かし又一方から考へて見ると、此變則英語に依つて私は本當に英語に對する大切な基礎を築き得たと思ふ。今日の英語は所謂意譯なるものが重んぜられ、文章を見て、エー加減に想像的にボーッとその意味を捉へて譯そうとする癖が一般に行はれて居るが私共の昔しやつた英文の譯し方は一字一句悉くそれに譯を附しさうしてそれを繋ぎ合はせて何とかかんとか譯して見る。即ち直譯なので全然日本語にはなつてゐないのであるが、精密に英文を研究して、その意味を捕へんと努めた所は確かに此の變則英語の特長であつたと思ふ。かゝる讀み方、譯し方は今日學生間に普く行はれる曖昧な、ボンヤリした英語の讀み方譯し方と比較して遙かに勝さつてゐる。私は此變則英語と云ふものゝお蔭で英文を讀破するフハウンデーションを與へられたと信じます。惟ふに眞に英語の讀書力を養うといふには、どうしても初めは直譯がいゝと思ふ。直譯にすると誠に拙ない譯になるがそれでもいゝ、叮嚀に一字一字を拾ふて譯しゆき、さうして後いよ〳〵意味が分つたなら其時それをもう一遍譯し直して美しい日本語にする、卽ち意譯にすると云ふ風に行かなければ本當の英語は讀めないのである。然るに土臺となるべき直譯を忌み嫌ひ、精密に文字を研究せず〆唯文章の中にある二三の單語から推考して、上辷りの譯をつけやうとする今日のやり方はタトヒそれが正則英語といはれてゐても私は大反對である。矢張り英語を讀むには、其譯が拙いやうでも、可笑しいやうでもわけの分らないやうであつても、變則的に直譯的にゴツ〳〵譯して行き、さうして後から之を段々にリファインして、立派な日本語にすると云ふことが必要であると思ふ。私はかゝる譯讀法で鍛ひ上げられ、兎も角も中學を卒業するまでにパーレーの萬國史、カッケンヴスの小英國史、チエンバーの經濟書、等澤山の英書を讀んだのである。中學時代に是だけの書物を讀み得たと云ふことは、今思つて見ても自ら驚くばかりである。兎に角私の英語讀書力なるものは――少なくも其の基礎は中學時代に於て養ひ得たのである。これが鄕里松山に居つた時の私の英語研究談であります。

(二) 横濱時代

今度は横濱時代、實は中學校を卒業すると私はどうしてもビズネスマン(商人)にならう、海外貿易に從事しやうと云ふ頭が出來た。其時分にさう云ふ考を起すと云ふのは自分ながら餘程の先見家であつたと思ふ。時に先見家と云ふのは英語で何と云ふか、long-headed man(長い頭の人)と云ふ。私は曾て亞米利加を旅行してゐる時に或人から紹介狀を貰つた。亞米利加では紹介狀に封をしない。それだからその手紙を電車の中で開いて見た。さうすると「此手紙の持參人は long-headed である」と書いてある。コン畜生! 人の惡口を言やがつたと思つて非常に憤慨し、破つて仕舞と思つた。電車で隣に座つてゐた人に何喰はぬ顏で long-headed man とはどういふ意味かと訊いた所が、ロングヘッデドマンとは非常に賞めた言葉で、先見家といふ意味だと教へられた。何故なれば頭が長ければ目が上の方に着く、目が上に着けば遠方が見える。成程と思うて其時初めて long-headed man と云ふ言葉を覺えた。それは餘計な事でありますが、兎に角明治八九年の頃の青年で實業貿易に志すとは相當先見があつたと思ふ。それが矢張り英語のお蔭であつて、僅かに米國史や、文明史や經濟書の一冊を讀んだのであるが、それで多少西洋の事情に通ずることが出來て、屹度將來は金が物を言ふ世の中になる、money is power 金がなければ駄目だと私は感じた。それから私は Business man にならうと志した。所が其時にはまだ封建時代の餘風が盛んであつて、私は士族の生れであつたので、親戚の者共へ、今度自分は東京へ遊學に出る、東京では三菱商業學校に入つて大いに商業學を研究し商人になるのだと云ふことを話したら、非常に非難された。何だ武士たる者の子が商人になるとは何と云ふ不心得ぞと怒鳴られた。元來當時は金を儲けるなどいふことは非常に下品なものと思はれてゐた。それで私が商業の志を發表した時は、親類から非常な迫害を受けたのであつた。けれども、私は思つた何構ふものか、兎に角やつて見やう、俺の身體を俺が處分するのだ、親類なんか餘計なお世話だといふ意地になり。親類の反對するのを構はず東京へ乘出した。さうして初めて入りました學校が忘れもしない神田錦町、今はありませぬけれども今の商科大學のある所に三菱商業學校と云ふのがあつて、校長は森下岩楠と云ふ人、其學校へ入學を申込んだ。さうして入學試驗があつたが、わけもなくパッスしてしまつた。そこで早速其學校に這入り、約二年間商業の學課を修めた。所が其學校は設立されたばかりであつてまだ整頓して居ない、敎師が足らなかつたり、休まれたり、時間表通りには授業が行はれてゐない。之れで何だが物足らぬ感を起し、一層こんな學校はやめてしまひ、寧ろ橫濱に行つて、商館の丁稚になり、實地に商業貿易の呼吸を覺えるに如かず、是れぞ目的を達する捷徑であると云ふ考になり、遂に東京を去つて横濱に參りました。

横濱に行くと幸に或手蔓を見付けて早速商館の丁稚になつた。今こそ英語のプロフエッサーであるが、昔は前垂を着けて働いた errand boy であつたのである。偖其商館に入つて見ると、右を向いても左を向いても英語ばかり聞かせらる。それが些とも分らない。チエンバーの經濟書、ギソーの文明史を讀んだ英學生もまるで西洋人の言つて居ることが分らない。是ぢや駄目だ、こいつはもう一遍、英語をし直さなければ駄目だと云ふ考を起し、新たに志を立てゝ横濱の山手にあつた宣教師の學校で、バラと云ふ米國宣教師の經營して居た先志學校と云ふ學校に入學する事になつた。所が私は其頃耶蘇教が大嫌ひで、耶蘇にせられては大變だと思ひ、バラ校長に會つて「私は御校に於て實用向の英語を教へて貰ひたい。承る所に依れば此學校は耶蘇教の學校ださうだが、耶蘇教は私の大嫌ひ、耶蘇教を教へて貰つては困る、英語だけを學びたい」と云ふた。校長はニコ〳〵笑つて

「あなた宜しい、英語だけで宜しいあります」と答へた。それで早速翌日から通學することになつた。

さて教場に出て見ると、十二三人の青年が集まつてゐる。さうして鐘がヂャン〳〵鳴ると、すーッとドワーが開いて出て來られたのが先生で、實に窈窕たる美人、年は二八か憎からぬと云ふ、實に美しい、ミスブラウンと云ふ女の先生であつた。ミスブラウンと云ふのは日本に渡來した最初の宣教師で、偉い學者であつたドクトルブラウンの令孃であつた。因に申ますが、此のドクトル、ブラウンは日本に出來た和英字典の元祖である。それは措置き、右のミス、ブラウン先生が現はれ教壇に立つて何か英語で云はれたが何の事だが、サッパリわからない。どうするのかと思つて見て居つた所が、サア是からだ、サあ皆さん私のいふ通りに仰しやい、Will you do me the favour ? と申されたのだがその言葉が更に聞取れず、先生も是は分らぬと思つたと見えて、其一句の一番終ひの言葉 favour といふ一言を取つて來てフエヴアーと發音せよのと事であつたが、それが中々云へない、それからfと云ふ音を發するには下の唇を上齒の下に持つて行き、發聲をする時に放せばFといふ音が出ると敎へられたのだが、そのFの練習で何分掛つたか知れぬ。それから fa—vour フエヴアと云ふ一言を何十遍何百遍となく、皆に一々言はせて、到頭其日の授業は濟んでしまつた。其翌日行つて見ると又フエヴアー、何も外のものは敎へない。又フエヴアーばかり練習したが、到頭二日目にこの favor と云ふ字が稍々西洋人が言ふやうに言へるやうになつて來た。それから三日目に the favor と云ふ初めのザと云ふ音が甘く出ない。それを先生がザといふ音は齒と齒の間に舌を狹んで發音させて。さうしてザと云ふことを言はせる。ザ、アエヴアーの二字を三日間練習した。それから四日目に今度はもう一つ加へて me the favor 、ミ、ザ、フエーヴアーと云ふ句を敎へられ、それから五日目になつて do me the favor —此 do と云ふ音を覺えるのに大變骨が折れた。そんなわけで二週間掛つてヤット初め先生の云つた Will you do me the favor? と云ふ一句を發音だけ覺えて仕舞つた。そうしてそれはどう云ふ意味かと云ふと日本語の「何々して下さいませんか」と云うて物を賴む時に使ふ言葉であつた。「どうか明日私の所へ來らつして下さいませんか」 Will you do me the favor of calling to-morrow? この一句を應用して、それからそれへと澤山の英語を敎へられた、例へば

Why will you not do me the favor?

I wish you to do me the favor.

When wish you do me the favor?

Thanks for doing me the favor.

それが先に進むに從ひ段々長い文章となるのである。そうして覺えた言葉は朝から晩まで暇があつたらそれを繰返へし、間斷なく其言葉をいうて居れと命ぜられるので口癖のやうに念佛でも唱へるやうに Will you do me the favor を言ひつ

づけて居た、此の敎へ方が後で聞いて見るとプレンダガストと云ふ人の mastery system と云ふ英語敎授法であつた。此の敎授法は正確に徹底的に英語を敎へようといふので、一言一句でもほんとうにそれをマスターして英吉利人の言ふ通り、其の習つた言葉だけは目を潰つて聞いてゐたならば英吉利人が言うて居るのか日本人が言うて居るのか分らぬ位、寸分變らないやうに云はせねば止まぬと云ふやり方なのであります。私は此の敎授法に非常に負ふ所があるので、確かに正確なる英語の發音と會話の基礎は之に依つて築かれたと思ふ。私はブラォン孃に就て僅か一冊の會話敎科書を學んだのであつたが、それでもう何の本を讀んでも發音だけは苦しまずに極めて自然に出るやうになつた。矢張り初めは苦しくても第一第二リーダーだけは極正確に敎はる必要があります。そうすればその先はひとりでに美しい發音が出るやうになります。意味も又自然に解るやうになります。是がペンダガストのマスタリーシステムで私は此度私の學校に於ても此方法を應用して英語を敎へて見やうと云ふ考で居ります。是の如く横濱に於て私は英語の上に非常の利益を得た。鄕里松山に於て讀む方の力は養つて居つたが、喋べる方の力は全くなかつたのだが、横濱に於て所謂正則英語を習得した。横濱と云ふ所は西洋人が多いから幾らでも練習が出來る。チョイと本町通りへ行つても西洋人が澤山に居る。私は西洋人の顏を見れば何とかかんとか、ものを言いかけて見る。西洋人はびつくりする。少しも構はない。其處にゆくと鐵面皮だ。英語を練習するには恥かしがつたり遠慮したりしてゐては駄目だ。機會さへあれば一言でも喋つて見やうと云ふ向ふ見ずな執拗い氣象がなければいかぬ。或時私は横濱公園に遊びに行つた所が、十三四歲の可愛い西洋人の子供が遊んで居つたのを見、一つ練習をやつてやらうと思つて其側へ行つて、What are you doing と言ふた。さうしたら私の顏を見て「馬鹿？」とぬかしよつた。折角こちらが英語で優さしく問をかけたのに返事もして呉れないで、下手糞な英語を使ふと思つたのか、人を罵りよつた。そんな恥しい目にも時には會ひましたけれども、兎に角横濱では西洋人が數多居るので、實際英語を使う機會が多かつた。そんなわけで私の英語に一段の進歩を加へましたのが即ち横濱時代であります。

(三) 西京同志社時代

更に進んで、西京同志社時代。私は西京の同志社を卒業した者であるが、實は先きに申します通り、横濱で實地に商賣を覺え商人になる積りであつたが、丁度其頃私に一人の友達が出來た。其友達が同志社を卒業して來て商業界に入らうと云ふ河邊久治と云ふ人であつた。其人と元、牧師をして、今は病氣で隱退されて居る星野光多と云ふ人、此二人が私の非常な親友となつた。段々交際して居る内に、右の河邊君が私に忠告をするのに、君の商人になると云ふ志は誠に結構だが、人間は普通敎育と云ふ廣い土臺を造つて置かないと將來の發展に非常な損をする。今から小僧をやつて後、商人になると云ふことも出來ぬことはないけれども、將來伸びない。矢張り迂遠なやうでも普通學を一通り修め、さうして後、商業界に乘出せば將來非常に發展する。それには西京の同志社にゆくに限る。校長は新島先生といふ大精神家で先生の薫陶を受けて置くも君の爲非常の利益だと懇々說敎されたので、成程それもそうだと思ひ、遂に橫濱を去つて西京同志社に入學した。即ち明治十三年の九月、さうして、同志社は三年級に編入されたのであつた。三年四年五年と三年の間普通敎育を受けた。其頃の同志社は西洋人の敎師が半分日本人の先生が半分、さうして日本人も西洋人も英語で敎へる。私が學びましたのは生理學、物理學、地理、歷史、それから論理學、心理學等であつたが、その敎科書は皆英語なんです。英語の敎科書を英語で敎へて呉れるのだから、英語はずんぐ〳〵進步した。中學程度の學校であつたけれども、外國語と云ふ課目は何もない。譯讀、會話、作文と云ふ學課はない。英語卽ち外國語といふ課目はなくても總ての學課を研究する內に每日〱英語は進んで行く、進まざるを得ない。是は實に面白い敎授法だと思ふ。今日の中學校で敎へる英語は殆んご役に立たない。今熊本先生と色々話をして居つたが、私共の友人で本田增次郎と云ふ中々英語の大家ですが、其先生は昨今中學英語全廢論を唱導してゐらるゝとの話である。卽ち今日中學校で敎へてゐるが如き英語は丸で役に立たない、五年間をかけて英語を敎へて居るが其英語がものにならない。英語の課程は徒に學生の頭を惱めるばかりで少しも得る所がない。速かに中學から英語を全廢しろと云ふ意見であるらしい。成程さういふ議論もあるであらうが私は寧ろ其正反對で、中學の敎育は何も彼も一切英語でやれ、數學も物理も、博物學も凡て悉く英語の敎科書でやれ、さうすれば別に外國語と云ふ課目を設けて置く必要なく、而かも英語は五年間にメキ〱進んで行く。中學校から英語の課目を全廢するのでなくして、英語を擴張して有らゆる敎科書を皆英語で敎へると云ふのが我輩の意見である。私の同志社に於ける經驗に依ると別に語學を研究する積りもなくて知らず識らずの間に語學が非常な進歩したのである。同志社は所謂ミッションスクールであつたので、珍らしい亞米利加のお客さんが澤山來る、屢々英語演說を聽く。又每朝モーニングサービスと云ふて、授業が始まる前に生徒敎師が一堂に集つて、先生が更る代る五分間或は十分間位感話をされる。それが大柢英語である。故に朝から晚まで英語の空氣を呼吸して居るやうな氣持で、次第々々に英語が上達して來た同志社の英語は熊本英語と云つて、熊本出身の先生の發音が流行してゐた。之れが同志社獨特の發音で、私はミスブラウンから正則の英語を習つて居つたから同志社の英語は成つて居ないなど馬鹿にして居つた。同志生の中には今度この講習會にお出でになる岸本能武太先生、安部磯雄先生も居られた。此等の先生は純粹の同志社英語を學んだ方々で、私は橫濱仕込の英語で少々段が違ふと自ら誇つて居つた。

然かし岸本先生でも、安部先生でも其後御洋行になつて今は立派な英語を話されるが同志社在學當時はさうでなかつたのである。

兎に角に同志社の教育制度は右いふやうなわけであつたから私は同志社のお陰で大に英語の上に利益を得たのであります。

(四) 米國留學時代

それから今度は更に進んで米學留學時代の經驗談に及びますが、同志社を卒業したのが明治十七年、もと〳〵大の耶蘇教嫌ひであつた私は到頭同志社三年の間の勉强中、新島先生の立派な人格に惹附けられ、遂に熱心な基督教信者になつて仕舞つた。さうして基督教を信ずるばかりでなく、日本を救ふは唯此宗教より外にないと云ふ考を起すことゝなり、商賣などは誰にでも出來る、日本を救濟するのは吾人宗教家の任務であると云ふドエライ抱負を抱き、身を傳道に献げ基督教の宣傳に從事せんことを決心し、同志社卒業後盛んに說教したのである。所が其內に段々私の心に信仰上の疑が起つて來て、自分に確信のない事を說教しなければならないと云ふ苦しい事になつて來た。是ではならん、斷然教職を辭し、耶蘇教の本場なる米國に渡り、根本的に基督教の教理を研究して見やうと云ふ考を起し其時初めて洋行の志を立てたのである。其時分は讃州高松に傳道してゐたが、そこへポーターと云ふ亞米利加の紳士が日本漫遊中やつて來た。そこで私は其人に「どうしても僕をあなたの國に連れて行つて下さい、亞米利加に行つて基督教を研究したい」と云ふことを訴へた。初めて逢ふてこんなことをいふもんだから其紳士は吃驚したが、私の熱心に感じて

"Very well, I'll try to open the way for you."

と言うて吳れた。そうしてポーター氏は亞米利加に歸ると早速手紙をよこし「新

島先生の卒業されたアンドバーと云ふ學校でお前を歡迎する、學資の事は心配するに及ばぬ、早速來い」と云ふて來た。私は飛び立つばかりの悦びで、故郷に歸へり、家具家財を賣つてしまひ、漸く旅費を拵へて亞米利加へ行く事になつた。卽ち明治二十一年英語は得意の方だから亞米利加へ行つても困ることはないと思つて居つた。

所がどうも亞米利加へ行つて見ると大に失望した。まるで日本で習つた英語は駄目であつた。人の言ふこともよく解らねば、自分のいふことも人に通じない。それは其筈で日本では日本人が英語が出來ないから西洋人が大に讓歩して解るやうに言うて呉れるから解る。所が亞米利加へ行くとそんな御遠慮はなしに、スラ〳〵と早口に喋べりつけられるので、サッパリ聽取れない。私はがつかりした。それでも到頭アンドヴハーの學校に入學しましたが、學校に行つて見ると同級生は皆大學卒業生で立派な紳士のみである。敎場に出て見ると先生は講義をされる、學生はノートブックとペンを持つて行つてその講義を筆記するのである。私も人並にノートブックとペンを用意して敎場の席に着いた。其時初めて見へた先生はプロフエッサー、モーアと云ふ博士で滔々一時間の講義をされた。それを學生は皆忙がしくペンを走らして筆記する。私も筆記しやうと思ふたが、唯ペンを持つたばかりで一字も書くことが出來なかつた。實に其時の失望落膽はいふことも出來ない位であつた。同級の友達等は大に同情を表してくれ、そのノートを毎々講義の後貸して呉れた。英語が不充分なので隨分苦しみ 初めの一年間と云ふものは實に泣きたい位であつた。 朝から晩まで心の休まる時はない、右を向いても左を向いても英語ばかり、食堂へ行つて飯を喰ふ、食卓の談話が薩張り解らぬ、生徒はワイ〳〵滑稽なことを言うて話して居るけれども此方らには少しも分らぬ、始終腋の下から冷たい汗がタラ〳〵流れる、 飯を喰ふ間でも英語が心配になつて居る、それから食物の名が分らない、 或日アップルパイと云ふ林檎が中に入つて居るサンドウヰッチのやうなお菓子が出た。私は其時それを初めて喰うたのが甚だ旨かつた。もう一つ欲しいと思つて、見るとそれが一つだけ大皿に殘つて居る、あれを一つ頂戴と云ふんだけれど、何と言つてよいやら分らぬ、モジ〳〵してゐたがエーやッつけてしまへと思うて"Please give me that roast triangle"(燒いた三角形を頂戴)と云ふた、さうするとワーッと皆笑ひ出し、爾來私のことをミスター、ツライアングルと云ふ綽名を附くるに至つた。渡米の當時は隨分こんな失策をやつたものである。が日本人と云ふのは私一人で學校には外に一人も居なかつた。それで皆んなから珍らしがられて「今日は俺と散歩しやう」「明日は何處そこに一緒に行かう」とさそわれ、まるではやり役者のやうであつた。そうして一緒に歩いてゐると色々ものを訊かれる。一番さい〳〵一緒に歩きに出たのはタッカーと云うて、恐ろしい脊の高いノッポの男で始終食後には相携へて散歩に出かけた。歩きながらその男が簡單な質問をするのだけれどもそれが充分聽きとれない。餘り之れをきゝ質すもキマリが惡いもので、いゝ加減に胡麻化してYes, I think so と返事してゐた。そうすると或時吃驚りしやがつた。其時彼は

What kind of climate have you got in Japan?

「日本の氣候はどんな氣候か」と聞いたのであつたが、何だか分らなかつたので、例に依り Yes, I think so と答へた。さうすると、その友人があきれて、クスく笑ひ出し、「君は餘り I think so が多いよ」とぬかしよつた。私もそれには恐入つて物が言へなかつた（笑聲）。

所が丁度其年の暑中休暇になり學生が故郷へ歸る、その歸へる田舍に來て日本のことに就き演説をしてくれないかと賴まれるので、暑中休暇を利用して[illegible]旅行をやつた。それでたしか三つだけ演説を拵へ、それをスッカリ暗誦した[illegible]れから一番初めに行つた所がグリーンマウンテンステートと呼ばるゝニューハ[illegible]ンシャイヤ洲の山奥であつた。其町へ行くと、さあ、日本人が來たと云ふので[illegible]許

判、私が汽車から降りると、「あれが日本人ぢや」、早く來て見よと云ふので大勢の者が行列して私の到る處へ附いて來る。それだから、友人に連れられ、一日町を見物して歩いたが、そのこと自身が私の其晩やらうとする演說の大廣告となり、晩になると、來たも來たも夥しい人が集まツて來た。入場料は一弗、日本の金で二圓であつたが、大變な人氣で滿場立錐の地のない程やつて來た。さうしてその演說が甚だあぶなかしい英語で、ツマリ、ブロークンなのであるが、然かし向ふでは外國人の使ふブロークン、イングリシユが却つて面白く感ずるのである。私達の片言交りの英語――時には彼等の思ひも寄らぬエキスプレツションなどを使ふその英語が彼等には非常に面白いのである。それから演說が濟むとそれでお仕舞かと思ふとそうでない。聽衆は中々歸らうとしない。後に殘つて色々な事を質問する。それが分ればいゝけれども分らぬと大變だ。併ながら幸につまらない日常のことばかり聞く「日本ではどんな物を喰うか、どんな風にして寢るか」などを尋ねるのだから餘り困りもしなかつた。又演說する時は日本服を着て演說をする、冬の着物に絽の羽織といふいでたちだが、そんなことは彼方の人には何も分りはしない。それから演說が濟むと着物を見せて吳れと言つて集つて來る。着物を脫いで見せる。さうすると女は絽の羽織を覗いて見てヴエールのやうだと、もてはやす。それから袴を脫いで見せると「着て見てもいゝか」と云ふから「宜しい」といふと二十歲位の女がやつて來て、いきなり袴を頭から着やうとする。それが不幸にして行燈袴でなくマチのある奴であつたので、それに頭が引懸りて大騷であつた。それで袴は足から突込むのだと敎へてやつた。其時初めて私は亞米利加の女があのスカートを着るのは頭から着るのだと云ふことを知つた。それから帶を見せろと云ふから六尺帶を見せると、その長いのに驚く。成程バンドなどゝ違い、グルぐ三遍も卷きつけるんだから、その意味がわからない。仕方がないから理屈をつけて日本では昔サムライと云ふ者があつて大小と云ふ二本の刄を腰に差したもんで、バンド見たやうなものでは大小が抜けてしまふ、それで斯う云ふ長い丈夫な帯が必要になつたのだと説明してやつた。斯の如く一つ〳〵着物を脱いで見せるのだから、終ひには裸體にされて仕舞う。眞裸體になつては困るからいつも下に洋服を着てゐて、何時でも日本服を脱いで見せられるやうな用意をしてゐた。それで到頭裸になつてしまふ。さうすると驚く勿れ、一番下に襦袢が出る、襦袢の袖が縮緬ときてゐる。此縮緬と云ふものは亞米利加人は非常に貴重がり、金持でなくば縮緬を身に着ける者はない。縮緬は非常の贅澤品と思はれてゐる。それを私は襦袢にして着て居るのだから驚くまいものか、目を丸くして「何故お前はこんな貴い縮緬の着物を人の目にかゝらない所に着て居るのか、と不審がる(笑聲)そこで私は言ふ「そこが卽ち日本人と云ふ者だ、日本人は上は粗末なやうでも内には立派なものを着用する。失禮乍ら米人見たやうに上ッ面ばかりを美くして滿足しない。何んでも底いたりと云つて人の目に付かぬ所に金をかける。是も日本魂の一方面である」と氣焔を吐くと、人々はヤイ〳〵云うて感嘆するといふ有樣であつた。

さう云ふ風にして町から町、村から村へと演說して廻りましたが、其內には段々慣れてこちらも圖々しくなり、どんな質問でも平氣で答へてやるやうになつた。日本では講演が濟んで講演者から何でも質問せよと云はれても、中々起つて質問する者はない。あちらでは我を競うて質問する、無邪氣な子供らしい所がある。さう云ふ所は亞米利加人の美點であると思ふ、色々質問する人の中に或時お婆さんが立上つて

"May I ask you a question?" といふから

"Yes, certainly" と答へると

"I should like to know if you have got the moon in Japan." といふ。

あまりの事に呆れ返つて物も言へない、馬鹿野郎と思つたけれども、私は何喰は

ぬ顔して

"Yes, m'm, we have got the moon in Japan, but
Japanese moon is square, not round."

と答へてやつた。大笑であつた。そんな工合で約二ケ月半の間、所々を遍歴し到る所まだ日本人を見たことのないと云ふ所なので中々大もてゞあつた。遂に演說旅行を了へマサチユーセッツの學校に歸ると、急に感じたのは舌の何處かの筋でも取れたかのやうに舌が自由に動いて思ふことが英語で樂に言へるやうになつた事であつた。又耳がポント明いたやうに人の言ふことが明瞭に聽取れるやうになつた。二ケ月前まで苦んでゐた英語が急にスーッ〳〵と自由自在になつたので殆ど奇蹟のやうな感じがした。練習と云ふものは實に恐ろしいものです。それがヂリ〳〵と除々に進歩したのならばそんなにも思はなかつたであらうが、演說旅行につくまで物が自由に云へないので苦しんでゐたのが、タッタ二ケ月半の間諸方で多勢の人々に揉まれ〳〵た結果、練習がつんでぱつと何處かの筋が取れたように俄かに物が自由に言へるやうになつた其時の嬉しさと云ふものはなかつた。それから二年三年と經つに從ひ英語は知らぬ間に上手になり、英語で話すことが何のスッレーンも感じなくなり、所謂アト、ホームになつた。もう終ひには夢を英語で見るやうになつた。英語で夢を見るやうになればもう其人の英語は占めたものです。其人の頭はちやんと英語になつて居るのです。物をいふとき決して頭の中で和文英譯などして居りはしない、英語で物を考へて居る。英語で考へて居るのだから夢も英語で見るやうになる。私は在米中自分が英語で物を考へてゐることを知つたのは或時或人の家を訪づれ話して居つた。その時子供がずつと前を通つて机の上にあつたコップが倒れやうとした。其刹那私は覺へず look out!「危いッ」と叫んだ。其時其處にゐたお婆さんで常に私に英語を敎へてくれてゐた方が「もうお前の英語はたしかなものとなつた」と云つた。何故かと云ふと今の「危ない」

と云ふことがハッといふ刹那に直ぐ言ふことが出來たのは頭が英語になつてゐる證據だ。「危ない」といふ日本語を頭に畫がいてから英語のルックアウトを言ふやうではいかぬ、お前はもう卒業だ〳〵と云うて褒めて呉れました。成程考へて見れば私の英語は英語で物をいふよりも英語で物を考へて居るといふ所まで進んだかと思ふた、是が卽ち亞米利加留學時代の獲物であつたと思ひます。

（五）亞米利加演說旅行時代

其次は亞米利加の演說旅行時代であります、是で終りを告げるのでありますが、一度勉强を了へて日本に歸りまして、一二年程すると健康を害し、どうしても轉地療養が必要だと云ふことになり、それぢや大袈裟に亞米利加に轉地療養しようと決心した。時恰も日淸戰爭の濟んだ頃で、日本の名が海外に轟き始めた時代、此機會を利用して日本及日本人を紹介する爲めに私は健康回復かた〴〵演説旅行を試みて見やうと云ふ氣になり出かけましたが隨分冒險な話で、金と云つたら更に持たなかつた。船がシアトルに着いた時に懷中を搜して見ると十二圓、亞米利加の金で六弗しかなかつた。けれども日本國民を代表して此旅行についた以上、ケチなことしては日本人の體面に關すると思つたから、シャトル第一等の旅館に入つた。翌日になつたら宿料を拂ふ金とては何もありはしない、誠に心細い話であつたが、先づ旅館に入つて、荷物をおろすや否や夕食も喰はぬ内、早速宿を出て行つて第一番に土地の新聞記者を尋ね「私は此度斯々いふ譯で日本から來た、どうぞ御新聞で然るべく御紹介を願ひたい」と賴んだが一言の許に快諾してくれ、色々日本のことを訊かれた。次に此町で一番大きな耶蘇教の會堂へ行き牧師に面會を求め「自分は斯々云ふ趣意で以て此處に來た、是非會堂を拜借して演說して見たい」と相談したが、是亦異議なく相談に乘つて吳れた。翌朝の新聞を見ると私の來たことが大きな見出しで出て居る。それから其晩演說場と定めた食堂に行つて見ると一等二等とに席がわけてあつたが、兩方共滿員であつた。さうして日本の敎育、日本の宗敎、日本の制度と云ふやうなことを演說したのであつたが、早速その大意が翌日新聞に乘つてゐた。今その切拔はこんなのであつた。

TALKS ON JAPAN

MR. T. MURAI OF TOKYO LECTURES IN THIS CITY.

There was a fine audience at the Presbyterian church last evening to hear Mr. Murai's lecture on Japan. He showed himself fully conversant with the current forward movements that his country is making in politics, education and all the social side of life. He gives solid information without being for a moment dull and he has, moreover, at command the art of a trained public speaker. The lecture throughout was highly interesting and very instructive indeed, and those who heard the Japanese gentleman thoroughly appreciate his efforts to enlighten his hearers regarding Japan and her people.

此新聞の記事が大廣告となり、あちらの町からも、こちらの町からも來て吳れと云ふ招待狀が降るやうにやつて來た。そうして、たつた一晩に二百五十有餘弗の金が出來たので、もうホク〳〵だ、宿屋の拂などの心配は更になくなり大得意であつた。

シヤトルを根據としてワシントン州を隈なく講演し了つて、次にはオレゴン州に行き、ポートランドを初めその附近を講演して、段々と南に下り遂に桑港に行つて夏になつた。もう其時には十分に兵糧が出來、懷は溫かになつた。其頃金を儲くることは誠に雜作もなかつた。例せは演說の後で日本字を書くのが見たいと云ふから、ちやんと懷中硯と日本の紙を用意して置いて之を見せる。それが彼等には非常に珍らしく見へ、是非何か書いてくれといふ。其處で硯に水を入れて墨をすると、「インキを今拵へるのか」と尋ねる、「ウム是から製造するのだ」といふと皆が驚く、それから「諸君の名を書いて上げる」と云つて一寸、代書屋の眞似をする。

ブラウンならブラウン、スミスならスミスと假名で書いて渡す、サンキユー〱と云つて大悦び、五錢置いて行く奴もあり、十錢置いて行く奴もある、之を皆ポケットに押込んで歸へると云ふ鹽梅で、面白い程金が出來た。其頃エーかげんに金も出來、健康も大分囘復したので私は演説旅行をやめて勉强がしたくなり、到頭アイオアカレッヂと云ふ大學に入つて、そこで二年間社會學を研究した。その學資は皆演説した金で出來たのである。

大學を卒へてから、ずつと東の方卽ちニユーイングランド州へ行つたが、もうそろ〱兵糧が乏しくなつたから、又々演説旅行をして歩いた。到る所大歡迎で諸君は嘘ぢやないかと思召すか知りませぬが、私の居つた時の亞米利加と今日の亞米利加とは大變違ふ。兎に角日本人と云ふ者は不思議な國民だ、珍らしい人種だと云ふ評判で、私はその代表として非常な歡迎を受けた。ニユーイングラントのメイン州を漫遊して演説したが、多くは初めて日本人を見るので、其手を握るはブリヴヒレッヂの如く感じるのか、演說が濟むと聽衆は行列を作り演壇に進み來つてセエークハンドを求める。私は一々その手を握つて I am glad to see you と云うて挨拶をする、それがボストンや、紐育の社交界の人々であつたら、ほんの禮儀だけの柔かいセエークハンドをするのだが、田舍の人々は本眞劍に大きな堅い手で强く握るから、うか〳〵して居つたら手の骨も折れて仕舞うかと思ふ位（笑聲）だからさう云ふ時には向ふが握らぬ内に機先を制してこちらからギューッと先方の手を握る、さうすると餘り痛くなくて濟む。そんな風にして段々セエークハンドしてやつてゐる内に或お婆さんがやつて來て、ひよいと私の手を握つた。所が何か手の平に硬い物が觸つた。見ると金貨十弗を默つて持つて來てくれたのであつた。バイブルに「右の手に爲す事を左の手に示すこと勿れと」云ふ誡めがあるが、金を施すにも何の某と名乘つて施さない、唯眞に先方を思ふ心があつて其心が達しさへすれば、宜いと云ふので、私に禮をも言はせず、何處の誰がくれたのやら分らぬやうにして私に金貨十弗を呉れたのであつた。こゝらは實に教養ある米國人のえらい所だと私は感心した。さう云ふ事が一度ならず二度ならずあつた。これもメイン州の何處かであつたのだが、或時演説が終つて例の握手をやる、セングリ〳〵やつて來る人々の中に十七八位のお孃さんが出て來て懷から小さい書物を取り出し「是は詰らぬ本だが汽車の中で讀んで下さい」といふ、私はその親切を感謝してポケットに其本を納めた。演説が濟んで汽車に乘つた時に先刻女の人が呉れた本のことを思出し、何だらうと思うてそれを開けて見たら、五圓、十圓、二十圓といふ紙幣が本の所々に挾んであつた。今日に至るまでそのくれた女が何處の何人やら判らない。實にえらいではありませんか、此邊は儼かに日本人よりもえらいと思ふ。

こんな嬉しい事も數々あつたが、其代り又恐しかつた事にも隨分遭遇した。將に死なんとした事もあります。アイオイを廻つてゐた時、演説が濟むと數人の青年がやつて來て「今晩は歸るのか」「これから汽車で歸るのだ」「今晩は止して、僕の家に泊り明日此町を見物して行き給へ」「いや僕は明晩此處から十里先きの何處其處に講演の約束がある」「いゝよ今晩は泊つて明日ゆつくり行つても行かれるじやないか」と勸めてくれる。その靑年達は私と同じ學校を出た人々であつた。餘り熱心に留められるので、私は遂に彼等の家に一晩厄介となつたが、それが幸運であつたといふのは、其晩私の乘らうとしたのは最終列車で、それに乘つて居つたものならば今日諸君の前で斯うして物を云つて居ることは出來ないのである。丁度其乘らうとした最終列車が發車して約五哩程行つた時に、其レールの高い所に牛が寢て居り、それに汽車が衝突して谷底に墜落し、乘客は一人も殘らず皆死んでしまつたことを翌朝の新聞で見た。若し私が豫定の如く其汽車に乘つたならば、彼等と同じ運命に逢ふたのである。今思つてもゾッとする話である。

兎に角此演說旅行と云ふ事に依つて私は唯日常の談話ばかりでなく、澤山の聽衆を前に控へて演說をすると云ふ、所謂エロキユーションの大練習をする機會を得たのであつた。是が私の英語を最後に仕上げたのである。鄉里松山の時代、橫濱時代、同志社時代、留學時代そうして此演說旅行に至つて漸く私の英語がものになつたと云ふものである。要するに英語を習得する方法如何と云へばその祕訣は一に曰く練習、二に曰く練習、三に曰く練習で、練習といふことの外、英語をマスターして眞に自分のものとする道はないのである。是が私の五十年間に於ける英語硏究苦心談であります。(拍手—喝采)

ハウ・ツウ・ラーン・イングリッシュ

植原悦二郎

ハウ・ツウ・ラーン・イングリッシユ

今日は、私の友人の村井先生がこの學校をお始めになるについて、何か來て私に話をせよといふことでございました。で喜んでこゝに罷り出た譯でございますが、しかし私は、前に英語の先生をいたした經驗もありますけれども、既に多年之に遠ざかつて居りますから、その私に、どういふ風にして英語を習つたらよろしいかといふやうな話をせよと言はれましても、それは餘程無理な御註文だと思ひます。しかもその道に堪能な、多年その道に從事して深い經驗を有して居られる方々が、この學校關係者に澤山あらねばならん筈であります。それにも拘らず、その局外に立つて居ります私に、ハウ・ツウ・ラーン・イングリッシユといふやうなことを語れとは、餘程見當違ひの御註文ではなからうかと思ひます。と云つて如何にこれが見當違ひの御註文でありましても、親友が新しき仕事をする場合に、しかも來つて一臂の勞を藉せといふ場合に、之を拒絶することは出來ません。故にまことに見當違ひな、お門違ひなことであるとは思ひましたけれども、今日こゝに諸君に一場のお話をする機會を得たのであります。

私は多少英語を日本で學びましたけれども、しかしもし私が相當の語學をやつて居るといたしますならば、その多くは海外生活に於て學んだものでありますが故に、皆樣方の如く私と環境を異にして居られる方に對して、如何樣に之を學んでよろしいかといふやうなことは、私の申上げることが或は肯綮を失するかも知れませんけれども、私自身これについては、多少の考へを有して居ります。そればかりでなく、私は何事に對しても、卒直に、露骨に飾氣なく自分の意見を申上げることが好きな性分でありますからして、如何に英語を學ぶかまた現在日本の學校或はその他の場所に於て如何に英語が學ばれて居るかといふ狀態を觀察いたしまして、そしてこれに對する幾分の批判を施すことも、或は以つて他山の石とすることが出來得るかと思ひまして、こゝで私の有りのまゝのお話をいたさうと思ふのであります。

私は斯樣に考へて居ります。英語にせよ、獨逸語にせよ、佛蘭西語にせよ、總て外國語を學ぶといふことについて、第一に考へなければならぬことは、如何にそれが必要であるかといふことである。啻に語學を學ぶときばかりでなく、私ども苟も何事をか爲んとし、學ばんとする場合に於て、第一番に考へなければならんことは、どうした方がよろしいとかいふやうなことを聞いたり、或は敎へられたりしたのでは駄目で、その必要を自分自からが痛感するといふこと、それが何事を爲すに對しても第一必要な原則であります。必要であることを自覺いたしますれば如何なることでも出來るものである。ネセッスイティ・レット・ユー・アッコンプリッシユ・エニシング。必要に迫れば吾々は何事でも成し得る。從つて何事でも學び得ないものではない。事の成否に就ては、つまりたゞその必要を如何なる程度に於て感ずるかといふことが問題であります。そこで今日若い方々に何が必要であるかと申しますれば、私は、外國語を習ふといふことより必要なことはない、しかもその外國語中英語を學ぶといふことが、最も必要であると思ふのであります。今日世界に於て最も有力な、殆んど一國の言語といたしまして世界を支配する、といふと語弊があるかも知れないが、とにかく世界のドキュメント・ランゲージは何であるかといへば、それは英語であると答へるより致方がない。實際政治的に見ても、英國の領土は世界中の到處に在ります。そして世界中の如何なる場所に行きましても、英語の通じない所は殆んどありません。この際に於て、日本がもし鎖國の狀態であるならばともかくでありますが、世界の舞臺に立つて活躍しなければならん時であり、しかもこの小さな國、そして山の上までも既に田畑になつて居つて、最早耕すべき土地のない程の國でありますから、どうしても世界的に、全世界に通じて活動せねばなりません。製造工業を營まんといたしましても、殘念ながら物資の供給は極めて不足であります。今日の幼稚なるところの日本の生産業を以つてすら、年々五六十萬噸の鐵の輸入をいたさねばならない。皆様方の身に纏ふところの木綿物でも、日本の領土から取れた綿で造られたものは何程もありません。日本の領土で出來るところの綿は、今日の日本の幼稚な紡績業に於ても數日間紡げはなくなつてしまふ。撫順の炭坑を日本が取りましたときには、日本の石炭の供給は永久無限であると申されましたが、その撫順炭坑の石炭すら今日では、日本の領土に使用するに足りない狀態であります。石油は如何、殆んど日本に使用する量の千分の幾何といふだけしか國內には産出いたしません。これでは製造工業の發達を圖らんとしてもいたし方がない。原料が不足であります。只日本に於てあり餘りまするものは人間であります。人間は粗製濫造ではありますまいけれども、とにかく人間だけは澤山ある。これだけは感心と言へばいえるか知らんが、外國人が日本に參つて驚くものは、子供の多いことである。日本に行つて一番眼につくものはチルドレンであると言つて居る。何處へ行つて見ても子供が到處に居る。その日本に於てサンガリズムがいけないと言はれて居る。然うすれば人間が益々殖えるに違ひない。そうして其殖える所の人が、耕すに土地なく、商工業の發展を圖らうとしても原料が無いと云ふことになれば容易のことではありませぬ。領土擴張を致さうとしても、歐羅巴の戰爭がその不可なることを示して居る。時代が既に之を許さない。して見れば日本はどう致すべきであるか。こゝに於て多數の國民は世界的に活動し、世界的に發展する途を講ずるより致し方がないのであります。

今日、吾々の謂ふ文明といふものは、科學的の立場から見ましても、藝術の立場から見ましても、宗敎の立場から見ましても、日本に於て生れたもの、東洋に於て生れたものは、殘念ながら未だ世界にその勢力を示すことが出來ません。と云つて、日本を侮るのではありません。日本にも特徴がありませう、大和民族は立派な民族でありませう、世界に誇るべき人間でありませう。けれども、吾々の住む所の環境は、果して世界に誇るべきものでせうか。領土は極めて狹小、自然の富源に乏しいこの貧弱なる國といたしまして、吾々が世界に發展しようとするならば、有ゆる世界の文物を吸收して之を國民に利用し、以つて世界の舞臺に發展するより途がないのでありますまいか。そこで、若し諸君がこの世の中の處して水平線以下に生活いたして滿足するならばとにかく、苟も水平線以上に起つて活動しようとするものならば、商工業に從事しようとも、教育界に活動しようとも、政治界に於て身を立てようとも、或は宗教家となつて人類の福祉のために貢献すべく努力しようとすると雖も、世界の知識、世界の科學を用ひずしては、何事をも爲すことの出來ないといふことは極めて明瞭であります。これから商賣をするとしても、外國語に通ぜざる者は、內國だけで商賣するといふことも出來はしませうけれども、しかしそれ以上の發展をすることは出來ない。況して學者として立たうとするならば、少くとも二國三國の外國語に堪能でなければ、飛行機無線電信を以つて思想が自由自在に動きまする今日、世界の人文に貢献するが如き働きを爲すことは不可能である。宗敎家に成らうとすれば尙ほ更らの事、政治家といたしましても、世界の大勢を了解して、しかも國民思想の嚮ふところの經論を行はねばならないから、日本の文物のみを學んでゐては、到底これからの國家經論の任に當ることは出來ません。斯樣に考へて見ますれば、外國語の極めて必要なことが明瞭である。そうして、このことを十分了解してかゝることが、外國語を學ぶについて、第一に必要なことである。しかし、それはたゞ人が言ふから、なるほど然うであると、然うい ふ風に考へられるといふやうな朧氣な觀念や、自覺では駄目である。自から日本の現狀を觀望し、世界の大勢に從つて、これから三十年五十年自分の將來を處するに如何なるものが絕對的に必要であるか、是れ無しにはレベルラインを越えて上ることが出來ない、といふことを知るのが第一であります。然ういふやうに考へますと、結局私は今日外國語特に英語の習得が極めて必要であると思ひます。然るに拘らず、今日日本の官公私立の學校などに於て、外國語及英語を敎へられて居る有樣を見ますするときに、今のやり方では、日本の國民は到底滿足に外國語を學ぶことは出來ないと、私は確信して居る一人であります。今東京のバラックを見ても、致處に日本語と英語のサインが竝べてある。必要のものに對しては、日本語に飜譯するよりも直に英語を用ひて居る。現に東京では、假屋建の普請といふよりはバラックといふ方が通用し易い程、それ程英語が自然に用ひられるやうになつて居る。斯の如く英語を用ひることが頻繁であるに拘らず、實際英語の解る人が然う多くあるかといふと、私の見るところでは、極めて少數であります。却つて明治四年頃から明治十五六年二十年頃に於て、外國語を學んだ人には、隨分外國語に堪能な人、外國語をよく了解して居る人があります。今六七十の方で相當英語を學んだといふ方ならば、可なり英語をよく知つて居る。書きますのにも日本人の英語ではなくして、實際英國人なり米國人なりの英語を書きます。發音を聞きましても、日本人の發音ではなくして英國人の發音をいたします。然るに今日では、中學校から高等學校を經て大學に至るまで英語を可なり詰込み的に敎へて居るからして、どうやら斯うやら英語の文字の解る人は澤山あります。飜譯の出來る人も可なりあるやうです。澤山の飜譯本などが出來て居ります。けれども之を一々點檢して見ると、百冊の飜譯書のうちに、一冊正しい飜譯があれば、私は餘程上出來だと思つて居る。多くは英語を理解せるにあらずして、たゞ見當で想像して、こんなものだらうと思つて譯したのが、立派な飜譯書として取扱はれて居るのであります。なぜ左樣であるか。明治初年頃に能く外國語を學んだのは、外國語を知つて居りさへすれば、どこでもこゝでも、重要な地位に用ひられたからである。從つてそのときには命懸けになつて習つた。その當時の人は、必要に迫られ眞劍に眞面目に命懸けで英語を習つた。しかもその英語を習ふについては、多くは外國人から直接に習つたのである。然るに今日の若い方の多くは學校の成績のために英語を習ふて居る觀がある。好い點數を取らなければならない。そして卒業證書を貰つたら、これが大學校の成績だといつて、どこか働き口でも詮索したいと云ふやうである。それで今日は餘りに多く半可通に外國語の解る人が出來たが故に、間違へる所の發音、間違へるところの解釋を以つて一般に敎へられる。そしてそれをまた間違つたところの見解を以つて習ふからして、英語でない英語の熟語や、誤れるところの、英語を眞似たやうな言葉が使はれるやうになつた。またそれがために今日では、却つて眞の英語を使ふ人が少くなつた。斯の如く、必要に迫られて眞劍に眞面目に命懸けでするといふことが、英語を學ぶ第一條件である。これが語學習得の根本の原則であることを知らなければならん。が然ういふやうに成ると、いふことは易くも、其實行はなか〱容易でないのであります。

そこで今、英語を學ぶについてその必要を痛感するとともに、その强い所の力を以つて、眞劍に、眞面目に、命懸けでやらうとしましたならば、今度はその學ぶ方法としては、どうしたらよろしいか。私は外國語を學ぶときの心掛けとして、二つの途があると思つて居ります。即ち、スピーキング、ランゲージを學ぶことを目的とする――つまり話が出來るやうにといふ考へで英語を學ぶ。これが一つの途であります。もう一ッはリトン、ランゲージ、話は出來ないでも書いたものを讀むといふことの出來るやうに學ぶ。この二ッの考へ方によつて、その學び方と敎へ方に餘程差別が、出て來なければなるまいと思ひます。尤もこの二ッのものの根柢に、一貫して一ッ橫はるものがなくてはならないのであつて、語學は數字や物理學とは違ひまして理窟ではありません。語學は作られたものではありません。必要に迫つて生ずるものであります。故に數學や物理學を學ぶ如くに、語學を理窟詰めにして、文法詰めにして敎へよう、或は學ばうといふことは根本の誤りであります。文法は、言葉が先に生れて出て來て、それを了解し、他に對して以つて、その意味の解るやうに後からつけた所の解釋であります。文法が先に出て、言葉が生れたにあらずして、言葉は自然に必要に迫つて生じたもの。而して文法は、之を解釋する所の手段方法として、その必要上から生れたる解剖であります。ですから語學を學ぶには、どうしてもその事を第一に考へなければならない。敎へる者は尙ほ更らのことであります。それ故に、語學を理窟詰めにして敎へようといふことは間違つて居る。それが語學を學ぶについて、年取つた者がいかんといふことの道理であります。語學を學ぶには早く始めれば早く始める程よく、子供のときに始めるが一番よい。大きくなつて始めれば、吾々の機能が思ふやうに動かないばかりでなく、理窟が先立つてしまうからして、言葉が學べません。言葉を學ぶときには、虛心坦懷赤兒にならなければ駄目である。赤兒は前置詞が如何で、冠詞が如何で、名詞がどうで、動詞がどうだとか、或は複數がどうだ、單數がどうだ、とそんなことは少しも知らぬ。そんなことは教はりもしない、又敎へもしない。けれども、赤兒が乳を離れて、まづ第一番に必要なものは何か。それは言葉である。もしそれが無ければ、身體は大きくなつても、生きて行けなくなる。何か生きるために與へられなくてはならん。自然は實に微妙である。こゝに於て日本の言葉で申しますならば、オッパイであるとか、お母樣であるとか、お父樣であるとか、御飯であるとか、いふことを、赤兒は自然に一番先に學ぶ。それには冠詞や動詞を拔きにして、そして名詞だけを先に習ふ。それがなければ、腹がへつても御飯を食ふことが出來ない、水を飮むことも出來ないから、生きるための必要から不知不識の間に學んで行くのである。理窟の上の問題ではありません。それ故に語學を學ぶには、まづ理窟を拔きにして、虛心坦懷にその言葉を學ぶことに致し、敎へるものもその覺悟を以つて致さなければならん。所がまだ一ッその背後に於て考へなければならぬことがある。それはどういふことか。言葉はその國民、或は其社會の人の生活そのものを全然象徴するものであることである。だから同じ文字を、字引に然うあるからといつて、字引の通りに考へては正しいものでない。言葉が出來るまでには、その社會、その國家國民の精神が入つて居るのであります。故に歐米の文物や、宗教や、生活の狀態や、それから所謂人情風俗總てのものを理解せずしては、語學は絕對に正しく學ぶことが出來ないといふことになります。日本に居つて語學を學びますと、法文の如きは正しいけれども、全く見當違ひの解釋をして居る。例へばボーイといふのは、男の兒どもばかりのことかといふと然うでなく、仲の好い親密な間柄であるとすると、村井先生のやうな老人に對してすら、ハウ・ヅウユーヅー・マイ・ボーイなどとやる。そいつを『どうした、おい、兒ども』などと譯したら大變なことでせう。さういふことはどうして學べるかといへば、その國人情風俗、國民生活狀態を調べなければ習へない。故に語學を學ばんとするならば、力めて外國の風俗習慣になじむやうに致さなければならん。機會があつたならば、皆様方には誠に困難なことでありますけれども、力めて外國人の生活狀態を見るやうにしなければ、外國語の本當の精神は解りません。故に英語を學ばうとすれば、先づ理屈でそれを學ばないことゝ、もう一つ外國語といふものは文字に現はれただけのことでなく、その脊後に國民生活の籠るものであることを理解し、啻に文字通りの直譯にあらずして、その人情風俗を理解し、以つてその國民精神そのものを解釋しようと致さなければならないのであります。これは話すところの語學を學ぶにしても書いた物を讀むところの語學を學ぶにしても同一でありまして、何れにしてもこの二つを考へて外國語の習得にかゝらなければならない。

そこでこれから、英語の話し方を學ぶにはどうすればよいか。私の確信して居るところをお話いたします。それは理屈でやらないことが第一でありますが、今まで何故日本の學校に於けるところの語學の習得が完全でなかつたかと申しますれば、眼で教へる、理屈で教へる、これでは正しい語學は學べません。赤坊が言葉を學ぶときには、耳が一番先きである。言葉は耳から入つて來るのでなければならなひ。眼から入つて來る言葉は正しい言葉ではありません。耳から入つて來て、その次に動くものはどこか。今度は舌であります。それだからして赤坊は耳で聞いて、そして口を動かす。その口の廻らぬといふのは、聞いたものを正しく發音することが出來ないから、まごついて調子外れな言葉を使ふのである。が漸次馴れて來るとなか〳〵巧くなる。その通り語學を學ぶにも、耳が第一だといふこと、その次に耳から入つたものを口でその發音を正しくするといふことが宜しいと思ふ。故にもし皆樣方がその方針でやるならば、そして日本に於ては外國人に多く接することが出來ないなら、力めて蓄音機でもやつて、學校に於ても、家庭に於ても、然ういふ方法で練習したらよからうと思ふ。つまり力めて外國人の言葉を蓄音機ででも聞いて、さうして耳を馴らすのである。それから皆様方には今日の境遇として出來ないことであるけれども、私がもし理想からいふならば、譯をつけることを拔きにして、一年か半年の間はもう絶對に正しい英語でなければ聞かないといふ狀態に於て、耳の訓練を爲す。そして碇り耳の訓練が出來たところで、今度は正しく發音が出來るかどうか口でやつて見ます。コンスタント卽ち絶えず正しい發音を聞いて、之を正しく口に移して發音する。發音が出來るやうになつたら、その次に眼を使つて、今口でやつて居ることは、どんな文字であるかといふことを視る。その文字やその綴りが分るやうになつたら、今度は手でもつて書くことを習ふ。斯樣な順序で行かなければならないものであると思ひます。特にスピーキング・ランゲージを學ばんとするならば、どうしてもその方式で行かなければならん。繰返して言ふと第一に必要なのは耳であります。それから後に眼を使ひ手を使ひ、最後に文法の理屈を學べばよろしいのだ。そいつを今まで文部省などは、語學は理屈で敎へられるものと思つて、やれ前置詞がどうだ、動詞がどうだと、さういふことばかり捻くり廻すことに努めて居つた。其結果語學を理屈攻にする語學者が日本には多く生れて來た。だからその人に文章を書かせればまるで文法そのまゝ、直譯的な生硬なものである。會話に至りては全然駄目である。それについて斯ういふ話がある。それは言葉といふものには、その國の自然と風俗習慣とが總てみな含まれて居るものであるから、まづそこから會得してかゝらなければならんが、そのためには理屈を拔きにして聞き覺えが一番いゝ。茲に面白い話がある。今はなか／＼日本の高官の人ですが、その人が帝國大學の先生をして居つたことがある。そのときに或る外國人を招待して、そしてお隣の部屋に茶菓の用意がしてあるからどうぞ入らしやつて下さい、と斯ういふことをその人が自分で英語を解つて居る心算で言つた。其言葉はこうだ。『プリース、カム、ネツキスト、ルーム。ゼア、イズ、ゾー、ナッシング、トウ、イート』と言つた。その人の言ふ意味は、どうぞお隣りの部屋に入らしてください。何も召上つて下さるものはありませんが。日本では然ういふ言葉をよく使ふでせう。ところが外國の人にさういふ言葉を使つたらとんでもないことである。何もありませんが召上つて下さいと云ふことは外國人には分らない。然ういふ失敗話がある。そこで只今申上げる如くどうしてもその言葉の精神を理解しなければならん。それがためには先づ耳から得て口を動かし、そして眼を使ひ手を使つて、學ぶ方針を取らなければ、本當の語學は出來ない。これが容易に出來るものならよろしいが、殊に年取つてからはなかなか困難なことであります。それならばどうしたらよろしいかといふと、もし皆樣が英語を學ぶならば、一つのことを正しく何回でも何回でも出來るだけレピートなさい。一つの文章でも一つの綴りでもよろしいから、それを繰返へし繰返へし發音して、そしてその音を聞きさへすれば、直ぐ意味の分るやうにする。それとても、イット・イズ・ア・ドック、それは一つの犬である。とこれぢア言葉の研究にはならない。たゞ見さへすれば、このものは犬だ、猫だといふことの分るやうになるまで、コンスタントにレピートするといふこと。そして今度は譯さないでも直ぐ耳に入るやうに學んでしまふといふことが一つ。次には力めて多くの正しい發音を聽く。これには若し外國人に接することが出來ればよろしいが、それの出來ない境遇に於ける一番いゝ方法は蓄音機です。蓄音機で始終外國人の演說でも話でも聞いて居れば、それが一番容易な方法です。それから常に機會を捉へて、出來るだけ練習をやらなければ本當の語學は學べません。話すことについては、日本に居りますところの皆樣方といたしましての手段方法は、まづ然ういふやうなことだらうと思ひます。で文法は正しくなくてはならないけれども、しかし文法に囚はれてしまつて、手も足も出ないやうな英語のやり方は絕對にしてはならない。敎へる方としてもまたその心算で、さういふ敎へ方をしては無論いけない。然なくてさへ年取つて居る者は何んでもかんでも理屈でやり易いのを、理屈で教へて行つては遂々學べないで終つてしまう。だから語學を學ぶには今言つた方法で行くやうに、どうか力めてやつて頂き度いと思ひます。

それから今度はリトン・ランゲージを學ぶには、どうしたらよからうか。これは何も話せないでもよい、たゞ讀めさへすればいゝ、讀んで理解さへすればいゝ、と斯ういふ學び方であります。これには私は、出來るだけ外國の文物を學ぶやうに努力せよ。風俗習慣を學ぶやうに努力せよ。さうして出來る限り多く讀め。その讀み方が粗雜ではいけません、けれども出來るだけ多く讀むといふことより他に途がない。然る後に文法を習ひなさい。まづ讀んで、それがどういふ意味であるか解るといふ所まで讀む。讀んで讀んで讀み續ければ、大概のことは自然々々に解るやうになります。成る程初めの一年や二年は、直譯的に習つた方が解りよいです。けれどもそのやり方をすると將來永久に禍ひする。讀んで自然に解るやうになつたものは、本當の言葉の精神を理解するやうになるのである。從つて讀んで行けば自然にそのまゝ意味の取れるやうになる。夫迄力めてお習ひなさい。それには出來るだけ多く讀むことが必要である。とにも角にも理屈を抜きにして馴れるのである。馴れるについては、第一の原則は絶えずそれを反覆するといふことより他に善い方法はない。そしてそのものが自然に頭の中から口に出て來るやうに致すより外に途はない。この方法を取りますと、初めの一年や二年は解らない、何をして居るのか解らない。けれども然うして學んだものは、三年五年やつて行く間には極めて正しいものとなつて、本を讀むにしても、直譯的に習つた人が、一冊の書物を讀む間に、コンスタント・レピチションによつて學んだ人は三冊か四冊の本を讀むことも苦痛でない、且つ正確に讀めると私は信じて居るのであります。更にリトン・ランゲージを學ぶ方に、私は慾を申しますれば、どうか機會があつたら力めてラテン語を學んで御覺なさい、と斯ういふことを申したい。ラテン語を本當に二三年おやりになりますれば、英語や、佛蘭西語や、獨逸語の文法などは、自づから明瞭になるのです。初めに文法で理屈詰めにせずして可なり言葉の力がついてから、今度はもう一つの外國語――出來ればラテン語、それが出來なければ佛蘭西語でも獨逸語でもよろしい、つまり二つの外國語を學んで、そいつを比較對照して見るときにそこに前置詞がどうか、冠詞がどうか、動詞がどうかといふやうな問題が自づから解つて來る。殊にラテン語を學ぶならば、多く言葉の語源が解ります。言葉はつくるものでなくして發生するものであるといふことは前に申しましたが、その元の言葉から幾多の變化をして來たものでありますから、今はラテン語から出た時分よりその字が隨分意味を違へられていろいろ變つた意味に用ひられて居りますけれども、語源を知つて居るとその文字が非常に正確に解釋され、また正確に用ひることが出來る。だからしてもしリトン・ランゲージを學ぶことを以つて滿足されるならば、その言葉以外にもう一つ、出來得べくんばラテン語でも學び、さうしてそれと併せ學びますならば、動詞の理由も冠詞の理由も寔に明瞭になつて、何の苦勞も苦心もなく文法を會得することが出來ますし、然うして學んで行きますれば今度之を用ひるときに當つて、正しく實に正確に用ひられる。かういふ順序經過を經て語學を學ばなければならないと、私は斯樣に思つて居ります。然るに現在の多くの語學の敎へ方は、たゞ手取り早く速成を好んで、そして正しい道を行きませんからして、五年六年と隨分長い歲月をかけ長い時間を費して語學を學んで居る。今日本で中學校高等學校大學校に於て語學のために、用ひられる時間の數を見ましたならば、それは隨分多くの時間を用ひられて居ると思ひますが、その結果はといへば寔に擧らない。何をして居たやら解らないやうな狀態である。口も利けないし。書くことも出來ない。判斷しようとしても正確に出來ない。斯ういふ立場になつて居ると思ひます。だからしてどうしてもこの立場を改めてかゝらなければならない。私は出來得べくんば耳から口に、眼から手にといふ順序で行く語學の敎授法を致したい。然ういたしますれば二年三年の間は殆んど何をやつて居るか分らないけれども、また讀みながら殆んど譯の分らないものを讀んで居るやうな心持がするけれども、三年四年と進んで、學校の今のやり方と同じ時間をかけて結果を見ますと、その成績たるや實に非常な相違を來すと私は確信いたして居るのであります。

そこで斯ういふ順序に於て語學を學び、學んで然る後にはどうであるかといふことを考へて見ますと、それはたゞに世界的事物を知る上に便宜であるばかりではありません。皆様方は學校に於て數學をお學びなさる。機械技師や、電氣技師や、物理學者や、化學學者に成られる方に採ては、その學ぶところの幾何も三角も永久に役立つであります。しかしながら普通實業界へ出たり政治界へ出たり、或は教育家宗教家に成る人には、幾何や三角や微積分が何の役に立つか分らない。實際それを將來ずつと用ひられる方はありますまい。といつてそんなら數學は無益なものであるかといふと、それで鍛へた頭は頗る鋭敏で、物を考へるときに合理的に動くやうになります。そして透徹したる所の頭腦を有するやうになる。私は數學の出來ない人、數學で鍜へられない頭は、如何なる職業如何なる業務に就いても、それは群を超えて上ることは出來ないと思ふ程に、數學の效果を强く認めて居る一人であります。そこで語學はどうであるかといふと、語學はたゞ言葉だけであるから何も頭に對して影響を招かないやうでありますが、實は非常な相違があるのであります。幸田露伴や尾崎紅葉の文章、或は高山樗牛の文章を讀んで行くと非常に面白い所がある。實に名文のやうに思はれる。けれども筆を取つてこの中に何の意味があるかと詮索して、その思想の根底を訊して、その排列方が論理的であるかどうかを思ふときには、漢學者の文章と同じことでバラ〳〵になつてしまつて、何が主格で何が客語か、またどこが中心であるか解らない。なる程クラフトマンとしての文字を取扱ふ技巧は極めて巧妙なものである。けれどもその流れるところの思想は論理的でありません。先刻お話になりました德富さんや。殊に夏目漱石さんの文章を讀んで御覽なさい。紅葉山人に比べてすら〳〵と行かない所はあり、技巧のない所は劣つて居るかも、知れないけれども、しかしながらその意味はどこにあるか、どういふことを言ひ現はさうとして居るのであるか、といふその文字の背後にあるものを詮索するときには、それが極めて明瞭であります。外國では文を讀め文字を讀むなと言ひます。文字やなんぞ讀んだつて仕方がない。文字の背後にある意義を讀めといふのです。だから文字でなく行の間（ビットウキン・ラインス）を讀まなければならんと云ひます。それはどういふことかと申すと、文字で書いてあるそのものでなくして、著者の心情思想に立入つて、その文字の背後にあるものを理解するのでなければならん。その文字を理解し、その文章を理解するといふのではないのであります。さういふ立場になつて、外國語で鍛へた頭の人とたゞ日本の文學だけで鍛へた頭の人とを比れると、そこに非常な相違のあることを知る。日本の文章では、然り而して、若し夫れとかやつて行けば、あとの繋がりや大概のことは通つて行く。けれども西洋の文章では全體の文章の最後に至るまで論理一貫したるところの排列を致さなければ許さない。だからして外國語を學べば知らず識らず極めて明晰に、何事を言ひ現はすにも漠とした ボンヤリした言ひ現はし方でなく、數學で鍛へた頭の如くに條理正しく、正確に自分の意思を表示しようとするやうに自然になるのでありま す。吾々が世の中に於て何業に從事しようとも、それが成功するか否かといふことは、吾々の有つて居るところの思想、吾々の有つて居るところの見解を正確に明瞭に自分が之を自覺する如くに他人に了解せしめる力ありや否やといふことに結着するのであります。さうなりますといふとどうしても頭が極めて論理的に組立てられなければならない。もしあなた方にお力があつてお暇があるならば、漢學者の書いた文章、外國語を知らぬ人の名文を、英語にでも獨逸語にでも、佛蘭西語にでも之を譯して御覧なさい。その意味が果してどこにあるのだか自分ながら不明瞭なのに驚かざるを得ない。讀んで行けば何だか面白いやうだ。隨分澤山の形容詞を使つて美文のやうに思はれるけれども何を言ふて居るかといへば、結局解らないことを言つて居る。書いて居る人も恐らく解らないでせう。ところが英語では之を許しません。一つの文章から次の文章まで論理一貫したものでなければいかんことになつて居るのです。それだからして語學を學ぶといふことは、たゞ語學そのものを學ぶのでなくして、吾々の言現し方吾々の思想を表示する上に於て極めて正確な、極めて明瞭な、そして順序正しい言現はし方を學ぶことになるのであります。此點に於て私は非常に價値のあるものであると思つて居ります。そればかりではなく、私ども英語を知つて居る人と知らぬ人と交際して見ますときに、知つて居る人はその見解が非常に廣いのみならず、人間そのものに對しても、藝術そのものに對しても、總てに對して非常な同情と理解を有つて居るのであります。これから世界的に活動するならば、世界の文物世界の人類に對して正しい理解をもつと共に、正しい同情をもたなければ吾々世界的に活動することが出來ません。之を致すにはどうしても英語を學び、英語の知識ある人にならなければならん。强いて英語とは申しませんけれども、外國語の知識のない者は偏狹である。私がおかしく思つたのは丁度この間、女髮結が排日問題に癇癪玉を起して、さうして耳隱しの髮を廢止させなければならんとそういふて飛んで歩いた。その女髮結の宣傳ビラを何で撒いて居るかといへば、米國製の自働車に乘つて撒いて居る。そしてその宣傳する方法はといへば、日本の國粹の島田、丸髷、銀杏返しを結はせる、それがために世間の所謂輿論を喚起する、といふやうな宣傳そのものすら日本のものではございません。さういふ風に宣傳することが外國式、自働車も米國式、それでゐてハイカラ頭がいけない、耳隱しがいけないと斯ういふて居るのだから、矛盾もまた甚だしいものである。その人こそは耳隱しの頭を結はないかも知れないが、銀杏返しに結つたつて桃割れに結つたつて、外國の思想で宣傳すれば矢張り外國式である。つまりさういふ矛盾の起ることも見解が狹いからである。耳隱しの髮は結はない、外國から來たものは鬪はないといふやうなことで、日本の國の運命がどうなるといふのでありませうか。極めて偏狹なたゞ一局部しか見ないで、矛盾不徹底な行動を吾々がするとすれば、それは結局吾々の見解が狹く世界の大勢に通ずることの貧弱なることの致すところであります。故にたゞ吾々の職業上に於て英語が必要であるばかりでなく、藝術の立場からいつても宗敎の立場からいつても、また科學の立場からいつても、人類の全體に同情を持ち世界の文化に對して理解をもつて進むといふことが、吾々人生を享樂する上に於て、人生を意義あるものならしむる上に於て、極めて必要なことであります。啻に職業的のことのみならず、人生に於て吾々意義ある生活を爲す上に致しましても、見解が廣く外國の言葉を知つて外國の文物を吸收することが出來れば、結局長くも短くも七八十年でお暇する人間として、土から出でゝ土に還る人生としても、その見解の廣いだけ、それだけ人生生活をして意義あらしめるのである。この意味に於て私は外國語習得の必要であることを感じて居るものであります。

局外者として甚だ勝手我儘なことを申上げて、諸君の御靜聽を煩ばしたことを感謝いたします。

私の經驗

山口鍉太

私の經驗

私は只今岡田先生から御紹介下さいました山口鐵太でございます。商料大學の豫科敎授とか何とかいろ〳〵御話がございましたが、本當はさうではないので、私の本當の肩書を申しますと、東京商科大學附屬商學專門部敎授兼東京商科大學豫科敎授といふ長々しいのでございまして、どこかへ行つてすつかり肩書なんか書くときには十何文字といふ譯で實に閉口して居ります。それから今岡田先生のお話に豫て私が敎へた所の人が商科大學敎授の中に數名あるとかいふことでございましたが、これは何んでもない話で、あなた方は今こゝで英語の敎育を受けてゐらつしやるが……實はさういふことを申しては失禮でございますけれども、將來に於ては諸君が斯ういふ學校の經營者、或は先生以上の方になられるかも知れない。或は日本銀行の總裁になられるかも知れないし、また外務大臣になられるかも知れない。或はまた特命全權大公使となつて日本帝國を代表して歐米各國に在つて大に國威を揚げるやうなことを爲されるかも知れない。それから或はまた總理大臣となつて偉い仕事を爲されるやうになるかも知れない。そこでさういふ偉い方を敎へたからといつても、もとそれを敎へた先生が然ういふ人よりも偉いといふ結論にはならない。私どもが小學校で敎はつた先生が私どもより今日餘計に力があるといふ譯でもないのであります。まあそんな話は別といたしまして、この間岡田先生から私に何か話をして呉れ、題はハウ・ツウ・ラアン・イングリッシユといふのだといふお話でございました。私は承知しましたとその時はお答しましたけれども、後になつてまた御交渉がありまして、どうか一時間位話をして呉れないかと斯ういふことでございました。私はお話をすることが極く下手で、人の前に立つてパブリック・スピーキングなんといふことは餘りやつたことがなく、大勢の人の前に立ちますと、いはふと思つて居たことも忘れて了ひ、後であゝいふことも言へばよかつたがなあといふやうなことが大分あります。さういふ極く話の下手な者が一時間などとは迚も出來ませんが、今日先生方のさきに出て前座を務めることに致しませう、と斯う申して御承諾を實はいたしたやうな譯でございます。そこでハウ・ツウ・ラアン・イングリッシュ――どうして英語を學ぶべきか――といふやうな題は、餘り範圍が廣過ぎてどこから始めてよいかさつぱり見當がつかない。それでこの間岡田先生に電話で一寸そのことを申しましたら、何でも自分の經驗、自分がどうして英語を稽古したかといふ話をしたらいゝぢやないか。と斯ういふことでございましたから、私も成程と思ひまして、今日は、私がどういふ風にして英語を覺えたか、殊に米國に行つてどういふ風にして覺えたかといふことについてお話したいと思ひます。

米國に行きます前には私も日本で多少英語を稽古して行きました。そして自分では餘程出來るやうに思つて居たのです。例へばリーダーは三册あげた。第三リーダーは今日のナショナルリーダー以上のものでございました。それを終りましてからは、バーレーの萬國史も讀んだし、カッケンブスの米國史、それからスウキントンの萬國史、それ位のものをみな讀み上げました。これらはなか〳〵厚い本でして、當時その本をもつて學校に行くのに、包んで行つては人に見られないので、俺はこんな厚い本を讀んで居るぞといふことを見せたいやうな氣がして、包まずにそのまゝ持つて歩いたものでした。そんな工合に自惚れが強くて、自分で英語は餘程出來るやうな心算でゐた。それから米國に行く機會があつて船に乘つて行きましたが、行く間に船の中で一ッ練習をしよう、何でも外人に接して話すが一番よからうといふので、一ッ當つて見ることに心を定めた。しかしそれもセーラーなんかでは餘り話が解らないから、オフイサー位に會つて話したらいゝ材料が得られるだらうといふ考へで、何でも甲板の上でもつて二等運轉士位の人を摑まへて、丁度それが煙草を喫つて居ましたから大概関で話しかけても怒られはすまいと思つて話しかけたのです。所が解らない。なんでも此方で言ふことははつきり英語で言はなくちやいかん、といふことを日本に居るうちに敎はつて居りましたから、ホワット・アール・ユーと斯うやつた。けれども通じない。これは變な奴だなと思つて、それから紙片にホアット・アール・ユーと書いて見せた。するとセカン・メイと答へた。がそのとき私には解らない。セカンとは何だ、と考へて居るうちに向ふで書いて呉れた。セカンド卽ち第二である。そこではアニ等運轉士だなといふことが解つたけれども、私は考へた。こいつは發音が下手だ。本當の組織的な英語を話さない。セカン・メイなんと言つてトの字を落して居る。こんなものについて英語を稽古しても駄目だ、と落膽して、實は諦めてしまいました。それから上陸して公園に行つたりしてぶら〳〵して居る人を摑まへて、いろ〳〵話しかけて見るけれども矢張り解らない。書いて貰ふと解るが言ふことがどうしてもよく聽きとれない。或るときの如きはこちらの言ふことが解らないと見えて、何だか訊ね返へすけれどもそれが解らない。そしてその音がホワトキノボーと聞える。ホワトキノボーつて何だらう。考へたが一向解らない。仕方がないから書いて下さいといふと、ホアット・アール・ユー・トーキング・アバウトである。それで私はこんな風ではいかんから正確な發音をする人について一ッ習はう。それには學校に行つたらよからう。その學校も上の學校では學課が難かしいから、小學校に入つて、子供と一緒に運動場で遊びつゝやつたらよからうといふので、小學校に入ることに決心をした。そこはシャトルでありましたが、私はそこのサウススクールに行つて學校へ入れて呉れと頼みました。日本でどの位の所をやつて來たかといふから、日本では中學をやつてしまつて兵學校に入らうとしたけれども、體格が少し小さかつたものですから學課はよかつたが丈が足りないで入學出來なかつた――實際まだ十六位でしたからずつと小さかつたのです――それで米國へ來たんだといふと、それぢやお前はハイスクールかもつと上の學校へ行つたらよからうとすゝめました。しかし私はまづ英語を稽古しなければならんからとにかく入れて頂き度いと頼んで、それからセキスグレイドといふのに入れられた。入れられたもののこれは餘り易いので、二週間ばかり經つてエイツグレイドに上げられた。エイツグレドといふのは日本でいふ八年生です。あちらでは小學校に滿六歳で入る。第一年級から第四年級までがプライマリーグレイド、それから第五、第六、第七、第八といふ風に八年制になつて居ります。此終りの四學年がグランマーグレイドといふのです私はそのグランマースクールの八年級に上げられました。ところが數學や何かは譯無く出來ますし、讀本も家で一生懸命に調べて行きましてアービングのスケッチブックなど然う困りはしなかつたのですけれども、一番困つたのはミユージックです、これには弱りました。これは別な話ですが、その時分まだ日本には唱歌などといふものは敎はらない。君ケ代を唱ふといふことも知らない。樂譜なんで見たことも無かつた。だから何だか筋を横に引張つて棚を作り飯粒に旗を立てたやうなものを竝べてあるが、それが一向解らない。ドレミハソラシドーはどういふ意味ですかと先生に訊いたが、先生もその意味は言ふて呉れない。弱つて了つた。從つてミユージツクはまるで零で、試驗のときには何でも二三十點しかとれなかつた。その他の學課でいけなかつたのは作文でした。これがどうもうまくいかん。またスペルやデイクテイシヨンなどは全然前にやつてゐなかつたので、それを家ですつかり練習して敎場に出て行く。こゝからこゝまでやれと云はれて、自分流に讀んで暗記出來るやうにやつて行く。けれども敎場へ出ると先生が途中から讀み始めたり終いの方を出したりする。するとどうも自分に準備したところとはまるきり勝手が違ふ。さういふ工合で散々苦しんだ、私は直ぐ一年で卒業しましたが、何でも後からきゝますと私のミユージツクは落第點、それから他のものはやつとこさで及第したんださうです。外國人といふやうな譯でもつて、ミユージックの落第點も特に何とかして卒業させて呉れたものでせう。小學校を出ると今度はハイスクールに行きました。そのとき私は一年級でハウ・ツー・リード・エンド・スピークといふことを稽古した。その先生はドクトルハミルトンといふ人でしたが、私は先生に向つて私は會話を學びたいと思ひますがどういふ風にしたらよからうかと訊ねた。さうすると先生が今までどんな風にしてやつて來たかと問はれましたから、私は本をたゞ自分流に暗記して話しました。そのためかどうも人に言ふても解らない所があつて困る。人の眞似をして言はうと思つても、それがうまくいけませんと答へると、それでは私がいゝ方法を敎へて上げようといふので、ドクトル・ハミルトンがそのとき斯ういふやうに敎へて下すつた。

それは第一にコントロール・オブ・ゼ・ブレスを練習する事。つまりあなたの息を自分でコントロールする。それをするには呼吸の運動が必要である。呼吸器の調節をしてから、舌、腹、唇の調節をエキザーサイスすることが必要である。どういふことをするかといふと、息をするには横隔膜をずつと下にやつて、そして肺を擴げてすうつと息を入れる。その他いろ〳〵やり方もあるが、最初は深呼吸をやる。つまり腹式呼吸といふやつで、肺を擴げて下の方にすうつと息を入れ、鼻の孔からすうつと出す。それを數回やる。次には吸込むのをゆつくり吐出すのを早くやる。今度は反對に急いで吸込んでそつとブリイズアウトする。最後に出來るだけ吸込んでそしてゆつくり吐出す。これは仰向けになつて居つてやる。新鮮な空氣でなくても、自分の部屋でもよい。外でやれば尙ほ結構でせう。そして自分が果して靜かに吐出すことが出來るかどうかを試すには、羽を上からつるして置いてその羽があまりちら〳〵しないやうに出す。もし羽がなければ蠟燭を置いてそれに火をつけて焰の動かないやうに吐出す。斯うして呼吸をコントロールする。それが十分に出來ないやうでは話はうまく出來ない。呼吸のコントロールが出來るやうになつたら、今度は唇や舌の活動のエキザサイスする。それには鏡の前に行つて、口を大きく開いて、咽喉の底まで見えるやうに開いて二本の指を入れて見る。そしてそれでもつて息をする。それから舌を長く出す。或は右に向けたり、左に向けたりあつちにやつたり此方にやつたりいろ〳〵する。また舌を齒に屈付けてぐつと出す。或はアーと舌を曲げて丸くする。唇のエキザサイスするには、口を結んでスマイルせよ。結んで置いて唇を突き出せ。度々くりかへせ然うするには怒つていや〳〵やつてはいかん。笑ふ位に愉快に感じながらやらなければ本當のエキザサイスは出來ない。そんな風に唇だの舌だの呼吸だのが自分の意志通りにコントロールされるやうになるまでやる、始終やつて居つては倦きてしまうから、仕事をしつゝ、或は笑ひながらでもいゝ、毎日續けて少しづゝ度々おやりなさい。それから今度學校に出て來たときに、私の前でアーッと大きな口を開けてやつて御覽なさい―

實は私もこの頃の若い人達に之をやるやうに屢々言ひますけれども、なか〳〵言ふことを聽かない。アーッと口を開けろと云つてもうまくやらない。口を大きく開けると顔付がおかしくなりますが、そんなことは構はないのです。とにかく若い人は、顔付か奇妙になつたり口を大きく開いたりするのは、何だかきまりが惡いやうに思つて、おつぼ口をして言はうとするが、それは間違つて居る。私は先刻言つた通り音樂が解らないのですけれども、先達友達に誘はれて音樂會に行つた。そして西洋の或る婦人の聲樂を聽きました。立派な美人だけれども歌をうたふ顔付といつたら零です。ア、〳〵とまるで、鷄が時をつくるときに鳴いてるやうな、苦しがつて咽喉を長く張り出して、どうしても鳥のやうな恰好になつてしまう、けれどもさうして美容は犧牲にしても聲をよく出さう、ミユージックのために、藝術のために、盡さうといふので平氣である。その通りあなた方も顔付や口付などを構つてゐては駄目である。すつかり生理的呼吸が自分の思ふ通りにコントロール出來るやうにならなくては、本當の發音といふものは決して出來ません。また本當の發音が出來なくては、いくら聲を出しても何の役にも立たない。殊に語學といふものはまづどうしても話せなければいかん。向ふへ通じなければいけない。無論耳からも入らなくてはならないけれども、字を見て解釋が出來ても、話せなかつたら餘り役に立たない。この間の入學試驗に――商科大學の豫科の入學試驗ですが書取に The voice of the lion といふのがあつた。所がそのライオンの綴りを間違へた人が澤山あつた。こんな分りきつたものをどういふ譯で間違へたかとだん〳〵研究して見ましたら、普斷は lion、ライオン〳〵といつて齒磨の名などにも使つてあるのを日本流にライオンとオンに力を入れて言つて何の氣無しに過して居るから、さアライオン lí'on とライの處にアクセントをつけて言ふと獅子でなく他のものだと思ふて綴りが分らない。間違つた發音のまゝで覺えて居るから本當の綴りが出來ない。數年前の試驗の時に馬鈴薯をポテイトースとテイの所に力をつけていつたら出來ない人が可なり多かつた。ポテトと云つたら解るかも知れない。さういふ風に普斷日本人間で使ふ英語は發音が間違つて居るが、その間違つたアクセントや發音で皆頭に入つて覺込んで居るから、本當の英語を話さうとするときにとんでもない間違をやる。一寸街を歩いて御覽なさい。看板などに變なものが書いてある。この間私が歩いて居るとビラ配りがビラを呉れた。見ると西洋料理屋の廣告だ。カフエーライオンと假名でもつて書いてある。あすこのカフエーでコーヒーを飲んだらうまかつたぜなどゝ日本語で話をする樣に英語の中にカフエーとかコーヒーとか發音やアクセントの區別をつけないではどつちがどうやら滅茶苦茶である。試みに洋食の献立表を見るとまた隨分面白いのがある。第一ハヤシ肉（肉ハヤシ）どんなものが來るだらう。肉のはやしだからさぞどつさり肉があるだらうと思つて居ると、一寸お露があつて小間切の二ツか三ツ、これで林のやうにあるとは呆れてしまう。しかしそれは然う思ふのが無理で、ハヤシといふのは英語のハッシユ(hash)で、つまり細かに刻んだ肉である。ハッシユをだん〳〵なまつてハヤシとしてしまつて、それからハヤシ肉やハヤシライスになつた。斯の如くに普通の所謂英語は間違つて居る。そんなのはそれでもいゝけれども、實際學校でイングリッシユを稽古して居る人がさういふ恰好に囚はれて、學校でもやはり誤つた日本の普通の發音でlionライオンなんかと讀んで居ると、矢張りこの間人學試驗で失敗した人の轍をふむことになる。だから一ツ正確な音を耳に入れて、そしてそれを今度はコントロールされた呼吸法によつて自分でやらなければならん。法律とか經濟とか歷史とか哲學とかいふやうな學科は、けれども語學の上達を期するにはそれでは出來ない。聽いてそしてそれを自分でたゞ聽いてゐて覺えられる。レピートする、――繰返さなければならん練習しなければならん。

要するに語學の上達はレピートである。レピートすればハビットになる。最初之をするときには一寸困難であるが、二度目には最初より幾何か樂になる、三度目繰返すときには尙ほ樂になる。さうして知らず識らずそれがハビット（習慣性）になつて、終には自由に應用することが出來るやうになる。しかし最も初めには正確な發音を耳に入れるといふことも必要であります。私はよく會話のクラスに出たことがありますが、日本の學校の會話のクラスでは、數名の熱心家の外はまるきり何しに敎場へ出て來たか分らない位に、新聞を見て居るのもあるし隣の人と話をして居る者もあり。時にあなたやつて御覽なさいと言はれると仕方無しに立つ、立つて何か考へて居ると思ふとアイ・ドントノーといつて直ぐ坐つてしまう。之れは極端な例ですがさういふのが多い。そんな風では何時までたつても上達しない。耳から入つて來るのを聽いて解釋するといふことも大事でありますが、その耳に入つたものを自分の口でレピートしつゝプラクティスするといふことは一層一層必要であります。プラクティスといふことは啻に語學のみならず何事にも必要です。

ハウ・ツウ・ラアン・ツー・スピーク・イングリッシュの方はそれ位にして置きまして、今度ハウ・ツウ・ラアン・ツー・ライト・イングリッシュといふことについて少し申上げますが、この書くといふことも大切なことで、それは申上げるまでもないと思ひます。そこで英語を書くについては澤山の材料がなくてはいけない。だから多讀が必要になつて來る。英語を學ぶ上からは精讀も必要でありますが、書く上から見てはどうしてもごつさり英語の本を讀んで、そして書くべき材料を豊富に貯へて置かなければならん。第一言葉を知らないでは書けません。言葉を多く知つて、そして英文としての書き方を會得しなければならない。日本文の書き方と英文の書き方とは違ふ。英語の書物を讀むとそのエキスプレッションが解つて來る。さういふ譯で、英語の本を多く讀んでそしてそのエキスプレッシンを理解しなければならん。從つて日本文をそつくり直譯するといふことはいけないのであります。つまり英文を書くときには、和文をよく見て、本當の意味が何にあるかといふその眞の意味を正確に捕捉して、然る後にその意味を英語に直すのでなくてはならん。日本文には口語體もあれば文語體もあれば書翰文體もあつて、その形がいろ〳〵になつて居りますが、英譯に際してはさういふ形式に少しも拘泥せず、意味を捕捉してそして書くようにする。それが英譯の大事な點である。

私が書くことについて練習したのは米國に居る頃で、無論日本文の英譯なんといふ學課はありませんでしたけれども、一寸御參考までにお話して見ませう。それは何か本を讀んで居る、するど面白い文句が出て來る。小說でも論文でも記事文でも或は新聞の論說でもよろしい。その中で面白いと思つた文章に出會つた早ら、早速之を諳記する。諳記したら今度は發音を正しく諳誦する。諳誦が出來るやうになるとその本を閉ぢて、それから自分のメモリーを土臺にして書く。書いたら本を開いて原文と比較して見て、どこが違ふかを檢査する。斯うしてだんだん進んで行くと多少言葉や文字の使ひ方は違つても、意味に於ては大差無いやうなものが書ける樣になりますが、その位まで進めばまづ結構です。とにかく名文とか面白いエキスプレッションをどん／＼片端から諳記するので、プラクティスとは言つても語學の上達はつまり諳記によります。ですから私は諳記式をお勸めしたい。學校で用ひる教科書の面白い所をアンダーラインしてもよし、とにかくそれを諳記して自分のものにして了ふ。さうすると今度何かそれと同じやうな思想を表現しようといふときに、前に自分のものにして居たところのものがうまく出て來て、立派な文章が出來るやうになる。だから作文を上達させるには、大家の名文をそばから諳記するが一番いゝやうです。そしてそれを諳記すれば書くことと話すことの兩方の利益になります。

日本文の英譯には前言つたやうに原文の意味を取つてやるんですが、英文には必ずサブヂエクトとプレヂケイトがなければならぬのです、そこでサブヂエクトの選擇であります。どうも日本文はサブヂエクトが曖昧の場合がありますが、英文ではサブヂエクトが曖昧ですと文章としての價値が無くなつて條理が通らん。さりとてその選擇を誤ると讀みにくいものになつてしまう。そして「隨分曖いぢやないか」と云つたやうな、言葉の後先の分らないやうな場合が多いですから、それを特に注意しなければならんと思ひます。それも簡單なものならば比較的容易ですが、ずつと込入つた文章になると、餘程注意しなければ飛んだもなが出來上るやうになります。

甚だ雜駁なお話でありましたが、私はこれで御免を蒙むります。

グーアンの外國語習得法

安部磯雄

グーアンの外國語習得法

只今岡田先生から御丁寧な御紹介を戴きましたが、實に恐縮の至りでございます、私が岡田先生のその上の先生であるなどといふことはとんと記憶になかつたのでございますけれども、昔さういふことがあつたといふことを今初めて承つた次第であります。ところが英語といふ點に於ては、岡田先生あたりから見ると私は全く後輩であつて、今日お話するのも實は英語の知識については私ども寧ろ失敗のお話をしなければならん、といふ位に英語に於ては何等誇るやうな所がないのであります。然るに村井先生は京都の同志社に於て私と同級生でありましたが、その時分から英語が非常にうまかつた。私などは讀むことは出來たけれども會話といふやうなものは頗る拙くて、謂はゞ同志社から出たといつても私の如きは不肖の子とでもいひませうか、澤山の西洋人も居つたに拘らず私の會話と來てはお話にならん程まづかつた。尤もそれは一ツは敎師の責任であつて、その時分同志社の敎師といふものはたゞ基督敎を說くといふことを主として本當に英語などを親切に敎へては吳れなかつたし、アクセントが間違つて居つたり或はプロナンシエーションが間違つて居つても、さういふことを一々指摘して吳れなかつた。それで長い間に惡い癖がつきまして、英語を始めて最早や今年は四十五年になりますけれども、その間に得たところの英語の知識、殊に會話の力といふものは極めて貧弱である。實際英語については私は失敗の歷史しかもつて居ないのであります。ですから村井先生から特別講演の方で何か英語について話をして吳れといふことであつたときにも、その意味で實はお斷りをしたけれども强いてお依賴があつたから、それでは、私は英語では非常に失敗をしたが、その失敗に鑑みて獨逸語を自分がやつたときにはこれは自分だけの考から云つて大分成功したやうに思はれるから、そいつでもお話しようかといひましたところが、それでも結構だから是非にといふことでありました。しかしながらこゝで何も獨逸語そのものについてお話をするのではなくして、獨逸語を學んだ方法についてお話するのであるから、やはり英語を學ぶ方法とちつとも違ふところはないのであります。

私は明治二十四年に米國へ參りまして、それから二十七年には其の學校を卒業しましたが、參りますときから是非獨逸へも行つて勉强したいといふ希望があつたので、米國に居るうちに少しづゝ獨逸語を勉强した。けれどもそれはまだ極く僅かなもので、丁度英語で謂ひますならばリーダーの三か四位の所を敎師について少しづゝ學んだに過ぎず、會話などは全然出來なかつた。で獨逸人が集つて日曜日には敎會で說敎などやりますから、自分も行つて見たのですけれども、何が何やらさつぱり解らない。然うするうちに逐々卒業しましたからその儘で、獨逸に行つたら何とかなるだらうといふやうな考へで行きました。ところが獨逸へ參ります二三ヶ月前にレビウ・オフ・レビウスといふ雜誌を見た。この雜誌は英國でも出て居るし米國でも出て居るのであつて、非常に面白い雜誌である。見るとその雜誌のうちに、この名前は皆さん御存じかも知れませんが、佛人でグーアンといふ人のものがある。この人は佛國のハーブルといふ港のあります市の語學校のプロフエッサーである。そしてそのグーアンといふ人は希臘語や拉典語の先生で現代語は餘りやらなかつた人でありますが、後に獨逸語を勉强したのであります。その獨逸語を勉强したところの經驗を、彼がレビウ・オフ・レビウに隨分委しく書いた。それを讀んで私は大變に利益を得た。それにヒントを得て英語の失敗に引變へ獨逸語の方では自分でも驚く程に成功したのであります。

それでグーアンの書きましたことの大意を皆樣にお話申上げて置きたいと思ふ。グーアンが最初獨逸に參りましたときには、船でハーブルから獨逸の漢堡港についた。そしてそこに上つて、マア二ヶ月位滯在する心算でゐた。何分語學者でありますから、大體グランマーなどのことを十分了解したなら獨逸語位のものは何でも無からうと思つて、初めこれを全部やつてしまつた。で自分では可なり覺えた積りで、或時中學程度の學校に參觀に行つた。さうしたところが先生が教壇に立つて學生にいろ／＼の話をして居るが、それが自分にはちつとも解らない。彼は非常にくやしがつて、これはまだ自分のやり方がいかんのだらうといふので、又一層グランマーなどをよく研究して、そして再び行つて見たが矢張りどうも先生の言ふことが解らない。そのうちにかれこれ二ヶ月ばかり經つたので、まアどうやらよからうと思つて伯林に參つた。今度の考へでは、グランマーは確かに十分頭に入つてしまつたが、まだ單語の方で十分解らないのがある。人の話を聽いても單語のだめに一寸困る。だから何でも單語を全部覺えればよからうといふ譯で、獨逸語の字引を一番初めから終りまで全部暗記する――暗記は上手でせう、語學者ですから――一ヶ月ばかりかゝつて全部暗記してしまつた。それで單語は十分であるから自分の方ではもう大丈夫だと思つて、或る會に出て見た。それは學生の討論會であつた。行つて見ると矢張り解りません。でまた種々苦心をしてやつてゐるうちに、餘り字引を暗記したりなんかするもんですから遂に病氣になつて了つた。大分長い間病氣になつてゐた。そのうちに佛國を立つてもうかれこれ六ケ月經つた。これはいかん、身體が惡くなつたから一先づ佛國に歸らう。然う思つて、そして自分の郷里に行つて、先づ兄さんの家を訪問した。ところが自分が丁度佛國を出る前には兄さんの子供がまだ極く小さくて、漸くそれが單語を少し覺えて、日本でいへばウマ〳〵とかパパーとかママーとかいふ單語が言える位の、まアそれ位の小さな小供であつたのが、今度六ケ月目に歸つて見るとその子供が出て來て、そして滔々として佛語を喋る。それでグーアンは非常に考へさせられた。子供は、自分の國語とはいひながらたつた六ケ月位で話せるやうになる。然るに大人は、それが外國の言葉とはいひながら六ケ月かゝつて出來ない。

それはおかしい、不思議である。外國語といふもの丶獨逸語は關係の近いものである。それを大人が六ケ月かゝつて出來ない筈はない。つまりこれは勉强のメソッドがどうもいかない結果ではなからうか。といふので今度は二週間ばかり全然外のことは打棄てゝしまつて、そして自分の甥である子供やそれから他の子供が遊んで居るなかに自分も一緒になつて、子供達がどういふ風にして第一に自分の國語を覺えるのであるかといふことを細かに研究した。その結果大體四ツのプリンシプルといふやうなものを子供によつて彼は學ぶことが出來たのであります。

第一は何であるかといふと、子供は大概思想の順序によりて言葉を使ふのだから、一度思想の順序によつて覺えたことは忘れようと思つてもなか〳〵忘れることが出來ない。これはよくグーアンスメッドといふやうな書物に出て居る所であつて、廣く日本などでも用ひられて居るのでありますから、諸君も或はお聞きになつたことがあるだらうと思ひます。例へば私がドアの方へ向つて行く、それからドアの前でもつて私が止る、次に私が手を伸す、そしてハンドルを握る、ハンドルを捩る、さうしてドアーを開ける、これが一ツの順序でせう。それからそのうちで一番變化の多いものは申すまでもなく動詞です。その動詞の變化が皆こゝにある。今の順序から言ふならば、私が戸の方に行く、その前に止る、腕を伸す、ハンドル握る、ハンドルを捩る、それから戸を開く。これだけを諸君が一遍聞いたら譯なく解るでせう。といふのは吾々平生にちやんと行つて居るところの順序に行つて居るからです。子供が平生遊んで居るときには、矢張り斯ういふ風に順序よくいろ〳〵なことを言ふて居る。それで子供は大變物を覺えることが易いのである。

第二は、只今申しました通り言語といふものはどこの語でも動詞が一番難しい。動詞は非常に變化が多い。だから動詞といふものに十分氣を付けるさいふことをやりさへすれば言葉は案外早く覺えられるものだ。

それから第三は、何度も何度も繰返す。子供は同じエキスプレッションを一日の中に二十回位は少くとも繰返す。レピテイション——お母さん私にお菓子頂戴、何々頂戴——斯ういふ風に繰返すといふことが、語學を覺える上に非常に必要なことである。

第四には、これは私が一番重要なことであると思つて、自分の獨逸語を勉強するときにそれを應用しました。何であるかといふと、つまり話をするときに決して一々離して覺えない事。子供が言葉を覺えるのはセンテンスで覺えるのであつて、決して言葉一ッ一ッによつて覺えるのではない。確かに然うですこれは一番いゝことである。自分が今まで英語が非常に拙くて、英語の會話が思はしく行かなかつたといふのは私に悪い癖がついたからである。どういふ癖がついたかといふと、『私は學校に行く』といふ風にしないで、『私』といふものをまづ考へて、それから『學校』、それから『行く』といふ風に考へる。しかもこれにはどういふ字を使ふかといふやうなことを一ッ一ッ考へて、文章を頭の中で作つて、そして初めて人に向つて英語を話すのである。會話のクラスにでも行つて先生から質問されると、まづ自分の頭で一々文章を考へてそれから言ふ。斯ういふ癖がもとからある。それだからどうしたつて言葉のうまく行ける筈がない。人の前に立つて直ぐ何か疑ひでも起るといふときには、文案も何もあつたものぢやありませんから、それは平生にやつて居ないとどうしても出來ない。それでセンテスを覺える。『私は』『學校に』『行く』と斯ういふ風に自分の頭に思はずに、ちやんと一つの文章で、それだけで『私は學校に行く』といふことになるんだ、理屈も何も無いんだといふやうにその一つをその儘文章で覺えるといふことをやりさへすれば決して困ることは無い。

この四つのことをグーアンが自分に考へて、彼はこれに力を得てもう一遍獨逸に行つた。行つて今度は何をしたかといふと、第一番に子供のある下宿屋を探した。そして丁度或る所に男の子のまだ十歳位のが二人ある下宿屋にぶつかつた。彼はそこへ行つておかみさんに相談した。私はこゝに下宿をしたいのだが、それについて一つの要求といふのはどうぞその子供さんを一日に一時間づゝ貸して貰ひたい。その代り私は一時間子供さんに佛語を敎へてあげよう。といふと向ふでは只で佛語を敎はるのですから非常に喜んだ。そこでグーアンは初め、一時間は二人の子供を相手にして自分がだん〳〵獨逸語を覺え、その後の一時間は自分の方の佛語を子供に敎へてやる。するとどうでせう。二週間經つて或る學生の會に出たところがそのときにはもう自分が討論會に加りて、獨逸語でもつて討論をすることが出來た。二週間のうちにそれだけになつた。それから二ヶ月ばかり滯在して彼は大成功を遂げて佛國に歸つて來たのである。

それを私が讀んだときに、今度自分が獨逸に行くならば大に參考にしなければならん。自分はまだ獨逸語といふものを餘り多く學んでゐないから、惡い癖のつかずに居るのは幸ひである。獨逸に行つてからはもう全然獨逸語をやるといふやうな考へはもつまい。獨逸に行つてからはもう全然グーアンの方法によつてセンテスでもつて子供の通りに眞似をする、理屈ではなくして眞似をするといふことをやらう。と斯ういふ風に考へた。さうして獨逸の漢堡に着いたのは明治二十七年八月十日であつて、漢堡から伯林までは――一寸今は覺えませんけれども汽車で五六時間は確かにかゝつたやうでした。そのときに私は會話が出來ないものですから、汽車で大分心細く感じた。晝飯になつて腹がへつて來る、さういふときは、パンを持つて來て呉れ位のことはどうかかうか考へて言えましたから、ボーイに言つてパンをそこで食べたやうな始末、それから、伯林に着いたら宿屋に行くのに馬車を雇はなければならんが、どうして雇つていゝか分らない。言葉を知らないで旅する位心細いものはない。荷物はあるし、宿屋の方は或る人にきいて町の名も宿屋の名もちやんと分つて居るが、たゞ馬車を雇ふことが出來ないところが横の方を見ると一人の紳士らしい人が居る。この人ならば英語が解るかも知れないと思つて、まづ獨逸語で、あなたは英語をお話しになりますかと訊きますと、向ふでは話すと答へる。これは幸だと思つてそれから英語で、私は獨逸は初めてゞあつてまだ獨逸語が十分に出來ないから、申兼ねるが宿へ行くのに車を一つ雇つて頂きたいと頼むと、それはお易い御用だといふので、その人は大變親切にして呉れてステーションに着くと直ぐ車を雇つて、私の荷物を載せてそして宿屋に送つて呉れた。いよ〳〵宿屋に着くと、歐羅巴の方では全部然うだといふことをきゝますが、宿屋の番頭なんかといふものは五六ヶ國の言葉に通じて居りますから、流暢な英語でどん〳〵話してこれはちつとも不自由はない。それからかれこれ四五日居りますうちに、米國から紹介狀を貰つて來て居りましたから、――それは教會の牧師さんに宛てたものでしたが、今度下宿屋に入らなければならんについては、その下宿屋は英語を話すところに行きたいといふやうな譯で、紹介狀をもつて牧師さんの所を訪ねた。すると牧師は、丁度いゝ下宿屋がある、そこには米國人だけが今六七人下宿して居るからその家に行つたらよからうそこでたづねて行きました所がうまく部屋が空いて居る。米國人ばかりですからこれはうまいことだと下宿をした。さうするとそこの主は後家さんで、生れは獨逸人であるが英國人を夫にして、そして佛國の巴里に十五年ばかり住つて居つたといふのだから、英佛獨語を自由自在に話す。實に重寶である。そこに住込んで私は非常に安心しました。それから第一番にどういふことをしたかといふと、とにかく獨逸語の敎師を雇つて毎日一時間位づゝ稽古しなければいけないからと思つて早速敎師を雇つた。その時分は大變安いもので一時間が漸く一馬克、日本の五十錢位でしたか、それで敎へて呉れたのであります。で毎日私はそこに通つて習ひました。その人は幾何か英語も出來る。印度に二十年もミッショナリィをして居たさうで年寄でしたから私に親切に獨逸語を敎へて呉れた。それから下宿屋のおかみさんも或るとき私に向つて、あなたは獨逸に來て大學へ入つて勉强するといふのに、うちでは皆米國のお客さんばかりであるから大變お氣の毒だ。それで夜になれば私も閑になるから獨逸語を敎へてあげませう、と言つて吳れた。下宿屋のおかみさんが先生になれる位だから、どうも日本の下宿屋とは位が違ふのです。私は喜んでそのおかみさんに敎はつた。おかみさんは、發音の間違つて居る所を直して吳れたり、獨逸の書物を讀むこと、その意味の解らない所を說明して吳れたり大分親切に私に敎へて吳れました。そんな風で一ケ月ばかり經ちますと、もう街へ出ても何處へ行つても不自由なく十分用事を足すことが出來るやうになつた。でその下宿は非常に自分の氣に入つてよかつたけれども、今度は自分に慾を出して、獨逸語ばかり話すところ、つまり英語を知らない人の家に行かないと自分のためにいかんと思ひましたから、私は英語の先生に相談をした。私は斯ういふ希望ですが誰かあなたの知合で私を下宿さして吳れる人はあるまいか。すると先生は、それぢや私の家に來たらどうか、部屋は甚だ狹いがといふので私にその部屋を見せて、この部屋でいゝと思ふならば私の家に來てもよい。そこで私はだん〳〵尋ねた。そのお爺さんは英語を話すが、他に妻君と年增の娘さんが三人も居りましたので、そのお子さんは英語を話すかときいたら、皆英語は出來ないといふ話。これはうまいと思つてそれからその家に移つた。所がお爺さんは警察か何かで始終働いて居る人で、朝御飯が終ると出掛けて晩になつて歸つて來る。ですから晝御飯などは私一人、そしてお母さんと三人の娘さん。つまり私が四人の女を相手にして獨逸語を話す。さうなつて來ると迚も一つ一つ言葉などを考へて居る餘裕は無い。みな向ふで言つたのを口移しで眞似をして行くより仕方がない。これがためにめき〳〵と獨逸語がうまくなつて來ました。そして八月の十日に行つて、十月の中頃から伯林大學が開かれましたが、その大學へ聽きに行きますと多少解る。併し講義は矢張り今の會話などとは少し違ふから、極く大體しか解らないで、從つてまだノートを取るやうなことは出來なかつた。けれどもそれも三週間ばかり經ちますと、もう大學の先生の講義が別に骨折らずに解るやうになつた。それから十一月の三日、丁度當時の日本の天長節の日でした。私が下宿をして居つた家の主人、——印度に行つてミッショナリィをして居つたお爺さんが私に向つて言ふのに、今日私は田舍の敎會でもつて印度のことについての話を賴まれたから出掛けるが、丁度いゝ序だからあなたも一緒に來て一つ日本のことについて話をして呉れないか。それもよからうといふので急に私も仕度をしまして、餘り長い話ではなかつたけれども十五分間位獨逸語で話をした。八月十日から十一月の三日、まだ三ヶ月經つて居ない。けれども私はいろ〳〵の事情で長く向ふに居ることが出來ずに、遂に明治二十八年の一月五日に伯林を立たなければならんやうになりました。それで伯林に居たのはまづ大體五ヶ月といふことにしかならないのでしたが、その歸途ストラスブルヒといふ所に寄りましたときには、汽車を待合せるのに四時間もかゝりましたから、案内者を連れてずつと市中を見物して廻つた。そしてその時に驚いた。考へて見ると自分ながら不思議なほど獨逸語を話すことが何の苦もなく出來るやうに思えたのです。

英語はそのときにはかれこれ十四五年近くやつて居つた。所がその英語よりも僅か五ヶ月ばかしかやらない獨逸語の方が遙かにうまかつたやうに思ふ。實際どの位込入つたやうな話でも譯無く出來たやうに記憶するが、さういふ風になるまでに斯ういふ出來事がありました。それは或る日の事、私が自分の部屋に居りますと、先刻申しました三人の娘のうちの一番末子がやつて來て、私を呼んで、一寸どうぞ應接間まで來て頂きたいといふ。行つて見ると三人の娘がちやんとそこに居る。そして非常に眞面目腐つたやうな顏をして居るから、何のことか知らんと思つて私は自分の席についた。さうするとまづ姉娘が口を切つていふのに、あなたは昨日大變私どもを驚かしました。と斯ういふ。私はさつぱり解らない。どういふ意味だらうか、どうも私は何も自分に覺えがないので、それだけではどうしても私には意味が分りませんから、もう少し明らさまに言つて貰ひたいと私は言つた。ところで今こんなことを申しては少し横路に入りますが、その時分私の下宿の隣に日本の人が住んでゐて、その中には隨分有名な人があります。獨逸でオールガンを本當に學理的に發明した田中正平などといふ人、それからもう一人はずつと前に大審院長をして居つた三好退藏といふ人の子供さんなどでありました。そこで或るときその三好さんの子供さんが私の下宿に來て、こんな話をやつたことがある。自分はもう近いうち日本に歸る。實は親父の關係で獨逸に大分知人が出來て、樞密顧問官なども僕は知つて居る。それで僕はお別のために此頃ある樞密顧問官の所へ行つた。すると獨逸の人といふものは隨分親切で、僕が近いうちに歸るといふことを話したときにその夫人は、あなたが歸るのは本當に悲しいといつて涙を流した。それはそれでいゝけれども、三好君が附加へて言ふことには、いや全體獨逸には斯ういふ諺があるぞ、それは、鵞鳥が尾を振つて歩くのがナチユラルである如く、女が泣くのも自然で大して珍らしいことでない。つまり女の泣くのは鵞鳥が尾を振つて歩くのと同じやうにナチユラルだ。斯ういふことを三好君が話して行つたものですから、それを前日の晝飯のときに私がうつかり喋つた。それなんだ。大變な失策をした。これは諸君も御存じでせう、鵞鳥と驢馬とは馬鹿の代名詞である。それを言つたために私は娘さんたちを昨日驚かしたのでしたが、私はまたそこまで氣の付かないうちに娘さんが口を開いて、あなたは昨日女の泣くのは鵞鳥が尻を振つて歩くやうに自然だと仰言つたぢやありませんか。私ははつと思つて、これはしまつた、大變な縮尻をやつたと氣が付いたが仕方ない。そのときにはもう文字通り平身低頭して、私はどうも相濟まんことを言づた、少しも氣が付かなかつたものだからと、どうも平あやまりにあやまつた。すると向ふも大變氣毒がつて、實はあのとき私どもが厭な顔をして居るのをお母さんが見て、後で私どもを大變たしなめ、あの位のことで顏色を變へたり何かするやうなことではいかんと言つた位でした。と、後では大變向ふも打解けて來てそれはそれで濟みました。けれどもそれだけでも大體皆さんの推察を得ることが出來るやうに、その時分私は隨分自由自在に獨逸語を話せた、といふことはもう間違ひがないのであります。

それで私はその後も考へました。本當に會話などをやるならそれは日本でやるよりも、もしお父さんか兄さんか、それとも叔母さんがあつて洋行費を出して吳れることが出來るならば、語學といふものはその國に行つてやるのが一番良い方法だ。勞力が少くて直ぐ效果を收めることが出來る。グーアンの所謂子供すらも六ケ月で國語を覺えるのだから、吾々が六ケ月でもつてどんな國語でも覺えられない筈はない。これはグーアンの原則で私は今でもさういふ確信をもつて居ります。私は今年を取つて居りますけれども、それでも佛語の研究をいまの方法でやるならば、無論六ケ月位で出來るだらうと思つて居る。尤もこれは餘り年を取り過ぎて居ては駄目だといふ人もありませうが、しかし私が獨逸に行つたときは年齢が三十であつた。三十から初めて六ケ月でなく五ケ月でもつて十分に獨逸語を話せるやうになつたといふことを考へて見ると、これは誰でも出來ることであると思ふ。何も私が特別にさういふ才をもつて居たといふ譯ではない。もし私にさういふ才があつたならば英語なんか餘程うまくなつてゐなければならない筈であるけれども、英語の方はスタートが惡かつたために今日までどうもうまくいかん。しかもその英語についても私は經驗がある。日本に居たときには私はとても皆さんの前でテーブルスピーチをやつたり、その他エキステムポラリイスピーチをするといふことは難かしかつた。所が大正十年に私は早稻田の野球團を連れて米國に行つた。そして到處でいろ〳〵な歡迎があつだりなんかしましたので、どうしても英語でもつて五分や十分位の話をしなければならん、そのとき一々準備をして置いてやるといふことは面倒臭ひ、旅行をして居るときに多少準備をすることもあるが、或るときには準備なんか出來ないで、直ぐそこで話さなければならんやうな場合がある。それで私は自分に決心をしました。これは十分に仕度をするといふやうなことはいかん。話といふものを全然仕度無しにする稽古をして見よう。然う思ひまして。私ども米國に居りましたのは僅か二ヶ月半位であつたでせうけれども、その歸るまでの間に何遍も話をしました。そして平生の會話などでも、一ッ自分にはちつとも考へないで話す癖をつけて見ようと思つてやりました。すると矢張り恐ろしいもので、たつた二ヶ月半であつたけれども終いになるといふと考へないで話すことがいくらか出來るやうになつた。だからどうも語學といふものは、これを學ぶメソッドといふことが非常に必要なものではないかと思つて居る次第であります。

ながく〱駄辯を振ひまして御靜聽を煩しましたが、今日はこれで御免を蒙りたいと思ひます。

安部磯雄

英語研究の根本義

鹽谷　榮

英語研究の根本義

只今村井先生から大層持上げられまして、少し宙に迷ふ次第でありますが、實は此學校に參りましたのは只今が初めてで、どう云ふ方が集まつて居られるやら、又どんな面白い講演を御聞きになつて御出やら誠に見當が附きませんから、大體斯んなことを話さうと云ふ腹案を拵へて參りましたが、差當り諸君の顏を一々拜見すると是で宜いか知らぬ、果して諸君の要求に添ふかどうかと云ふことは些か疑はしくなつた次第であります。殊に近頃なか〱忙しうございまして、外のことを專心やつて居りますから、特別に今日の講演に對して準備をするなどと云ふ暇はございませぬ。それでも忘れないやうに少し書いて參りましたが、先づ大體其趣意に依つて御話して若し詰らないやうなれば宜い加減にして止めやうと思ふ。併ながら今日御話しやうとすることは、私の最も大切と思つて居ることがありまして、私の今日いはふとすることが、すつかり諸君の心に既に這入つて居るか或は今這入らなければ、諸君が幾ら英語を勉强なさらうとしても、或は徒勞に歸しやしないかと思ふのである。さうして其ことは私が實驗したことで、私が自分でやりましたことで、私自身は深い自信を有つて居ることであります。で其題は英語研究法の根本義といふことに致しまして、英語を研究する時にどう云ふ心掛けでやらなければならぬ、どういふ方針でやらなければ成功はしないと云ふ所を少し御話しやうと思ふ。併し總て斯んなことに關ずる眞理は極く平凡なものでありまして、知つてゐる人から見れば詰らないことである。併し極く詰らないことでも大切なことは大切で、何遍御聞きになつても決して損はないのでありま す。で英語研究法の根本義と云ふことは、それは色々說き方もありませうが、私は言語——言葉と云ふものの性質からそれを割出して見たいと思ふ。英語や日本語、總て人の使つて居る言葉を、之を living languages 生きた言葉と申します。living languages は今日普通人の使つて居る言葉である。それに對して既に人が使はなくなつた言葉、昔の希臘語や羅典語を dead languages 死語と云ふのである。此詰らないやうな living language と云ふ其言葉の中に實に深い意味が這入つて居る。こゝに生きたと云ふ字を使つて居る、そこが面白い、如何にも詩的である。詩と云ふものは表面に現はれて居ることと共に奥の深い所があるものである。この living language と云ふことは全體どう云ふことであるか、それは生きたる言葉、詰り生物であると云ふことで、言葉は生物である。諸君は言葉と云ふものを果して生物として取扱つて居られるかどうかどうも怪しいと云ふ所を今日御話しやうと思ふ。で生きたる言葉と云ふ其意味は色々に考へられますが、第一には生きたる言葉と云ふのは是は自然に出來た言葉で、決して人が作り出したものぢやない。自然に出來たもので、總て動植物、生物は總て自然に出來たもので、或は神が拵へたと云つても宜いでせうが、何しろ自然に出來たものである。人間が作ることが出來ないものである。言葉も自然に出來たものである。或は人間が拵へたものだと云ふかも知れない。まあさう云へば云るゝけれども、それは拵へやうと思つて拵へたものでなく。人間の要求に應じて段々出來上つて行つたので、其所に言葉に對する我々の態度に於て氣を附けなければならぬ所がある。人工的に出來た言葉はないことはない。あの Esperanto 世界語と云ふものは人が拵へた。併し Esperanto には命がない。Esperanto は一時的のものだ。あれがどれ程人の要求を滿足させませうか、極く當り前の、一通りのことのほかあれで言ひ表はせない。世界の各國人に通して便利で宜いと云ふ言葉が流行にならば、我々も英語などやらずにそれをやる方が宜いのであります。けれども悲いかな人間の造つたものでなる。規則に依つて支配させやうとしてある。それに依つて築いてある。だから其規則から一歩も外に出ることを許さない。ところが人間の頭はそんな風に機械的に働くものではない。文學と云ふものは何かと云へば言葉を詩的に使ふ、當前の意味でないやうな風にもじつて使ふのである。けれどもさうしなければ意味が表はせないからさうするので無暗とするのでない。Esperanto は規則を無視しても出來るものではない。Esperanto で皮肉を云つたり、おどけを云つたりすることが出來るものでない。それから又此言葉と云ふものは、各人々に依つて皆違ふ。言葉が違ふのではない、人の頭の動き方が違ふのである。だから日本人が Esperanto をやれば、それは日本流の Esperanto となり、英國人がやれば英國流の Esperanto になつてしまふ。それでは元の各國語に還元するやうなもので、世界共通の言葉と云ふことにならない。そんなことを詳しく云ふ必要はありませぬが、何しろ人間の拵へたものはうまくいかぬ。自然と出來たものでなければならない。ところが此自然に出來て居ると云ふのが非常に微妙な、靈妙な作用を致しますが、又大變不都合なことがある。それは其者に取つては當り前の働きであつても外の方面から見ると、例へば我々日本語をやつて居る者が英語などを見ると洵に不都合である、なか〳〵早く覺へられない。不規則なことがあつたり色々の變なことがある。で諸君が何年か此爲に費し、五年六年十年十五年、それでもまだ英語が分らないと云ふのは洵に不都合な勝手の惡いことがあるからで、是が人間の拵へたものならばそんなことはない筈である。自然と出來たものは皆かうした障碍がある。ところでそれをどうするか、まあ具體的のことは今日は煩はしくもあり、又一々申上げかねますが、例へば我々日本語をやつて居る者からして英語を見ると文法と云ふものがちやんとあるやうでありますが、あの文法と云ふものは誠に極く當り前のことだけ、一通りのことだけしか書いてないので、文法をよくやつてもそれで英語が分るとか、英文が書けるやうになるとか云ふことはなか〳〵出來ない。例へば冠詞の使ひ方でも文法はあるが一々實際に當つた經驗から見れば洵に不規則極まるもので、一々頭を働かして覺へて行かなければならないやうなものがある。

又單數複數、あんなものは何でもないやうに考へられるか知らぬが實際むづかしい。名詞を使ふにそれを單數にするか複數にするか、それを宜い加減にやつては英語にならぬ。又前置詞などの使ひ方ゝ云つたら、是も一々覺へなければならないので、とても日本語の言方から其所を決める譯に行かぬ。初學者は日本語で「に」

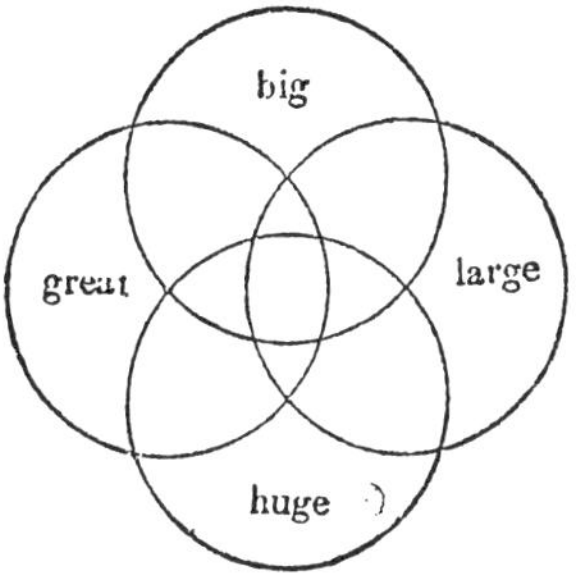

と云ふと英語では總て to と云ふやうに云へば宜いやうに思ふが、なか〳〵さうでない場合が幾らもある。又言葉の意味に就いても、同じ樣な意味の語がいくつかあるとするとそれが皆ぴつたり合つてゐるものではない。簡單な例を申しますと大と云ふ意の英語には big もあれば large もあり、great もあれば huge もある。まだ其外に

澤山ありませう。

それが皆うまく乘つかつてない。一部分が乘つかつて他は外れて居る。それを合つて居るやうに考へるからそもそも間違ふので、其外もつと進むと言葉の云ひ方、考へ方に就ひても英語は變な云ひ方をする。それを直譯すると丸で珍糞漢になつて分らなくなる。けれどもそれが英語で、そんな風に英人は云ふのである。近頃では飜譯をする譯解をすると云ふ時に、うまい譯を附けるのが流行る。卽ち意譯が流行る。意譯は本當の意味を覺へることが出來るから結構である。けれどもそれは意味を知ると云ふことだけであつて、一方に於ては英語を學ぶと云ふことに對してはなかなか危險がある。英語を學ぶには寧ろ直譯の方が宜い。事程左樣にでやる方が宜い。"so that......"、それを外のことでやるからいかぬ。もつと宜いのは直讀直解、ずつと讀んで行きながら頭にちやんと入つて行かなければならぬ。さう云ふ風に日本語と英語と云ふものが誠に合はない。違つて居ると云ふやうに出來て居る。併し心得て居らなければならぬことはさつきも云ひましたやうに、是は人間が造つたものでない。自然に出來たもので、片方から不都合と見えるのはその方からさう見えるだけであつて、それ自身に於ては當り前のことである。牛が人間を見たらどうでありませう、角がない、あれば不都合である。尻尾がない不都合だと云ふことになる。尤も角のある人間もありませう。あの人は角を出した。尻尾を出したなどと云ふ。併し是は幸にして形に現はれない。又木にしても色々の花や枝振りがある。だから片方に標準を置いて他の方を判斷することは出來ない。英語は矢張り英語の標準で、英語の頭らしい頭を以て學ばなければならぬ。それで英語を學ぶ方はどうも日本語を主として何時でも日本語の標準で見られるから駄目なので、それでは英語は分りつこない。英語を解するには英語の頭にならなければならぬ。英語を自然と考へるやうな感じを有たなければならぬ。其所が肝心である。随分英語をやつて居られるでせうが何時まで經つても英語は物にならぬ。自分の外にある、關係のないものになつて居る。それであるから英語の意味を取るのに、何時でも先づ英語を睨んでじつと考へてやと意味が取れる、取れゝばそれでも結構であるが大抵感違ひをするとか何とかしてやり損ふ。それでは駄目なので、それで英語と云ふものは何でも之を自然に見えるまでに馴染んで行かなければならない。中學校の課程に於て英語を外の學科のやうに取扱つてやつて居るから、教室に居る時だけやつて運動場に出れば忘れてしまふ。語學などと云ふものはそれではいかぬ。語學に親しみが出來て、多少でも自分と其言葉との間に緣が結ばれることにならない以上は何にもならぬ。朝夕始終それに親しむことを忘れてはいけない。で出來るだけ廣く讀む。それで變な云ひ方に出喰しましても始めて出喰せばそれが妙に感ぜられませうが、二度三度、四度五度と出喰はして居るうちには變な所も變でなくなる。丁度人間と人間と始めて會ふ時は變な奴だ、眼の飛出した鼻の低い奴と思ふ。馴れて來れば面白い人だと思ふやうになる。英語もさうで、何でも我々は英語と云ふものがまだ丁度得體の知れないものである間は駄目である。で親しみを有つ、それには自分で廣く亘りまして、其變な所も是は英國人が考へれば必ずさう云ふ風に云ふやうに頭が働いて居るのだと云ふことを同感して、英語と云ふものゝ本當の實際と云ふものに觸れて行かなければなりませぬ。どうも今日の學生と云ふものは先生に賴ることが多い。先生が斯うであると說明すると、成程と其儘受けてしまふ。成程先生が立派な方であれば結構でありますが、さうでない場合もある。先生が間違ひを敎へる場合もある。だから先生に聞くも宜しいが自分で硏究する、自分で意味を突留めて行くと云ふことが必要である。諺に習ふより慣れろと云ふことがある。面白い言葉である。習つた方が宜かりさうなものだけれども習つただけでは足りない。自からが實地にやつて見ると其所に色々、より以上に斯うと思ふ所が出て來る。是が詰り私の申す一つの方面でなります。

言葉は生きたものであると云ふことのもう一つの方面は斯う云ふことである。言葉と云ふものは人と共に生長するものである。言葉と云ふものをどうして人が覺へて行くかと云へば、まだ幼兒の時は片言でせう。それから子供になると子供らしい言葉を使ふ。大人になると詰り當り前の言葉に初めてなる。尙ほ其人が敎育を深くする、又修養を努めると段々其人の言葉が進んで來る。それで詰りむづかしいことを考へる人、其人の物を讀むと分らない。分らないと云ふのは其人の言葉と我々の使ふ言葉との間に距りがあるからで、例へばエマーソンを御存知でせうが、その論文などを讀むと初めからむづかしいことが書いてあつて分らないけれども、エマーソンに取つてはあれがエマーソンの言葉なのであります。それはエマーソンが自分の生長發達と共に其言葉を運れて來たので、其ことを我々は考へなければならぬ。言葉は人と共に生長するものである。で人が生きて居るから從つて言葉も生きて居る。さうして遂には何でも其人の考へること、すること、したいこと、智情意の働きを完全に又靈妙に現はすやうになるので、さうして其言葉と云ふものは詰り其人間の機關の一つとなる。丁度手や口或は身體の中の臟器のやうなもので、其一つのやうなもので、言葉がなければどんなに不都合であるか知らぬ。言葉の使へない者は不具者と云ふでせう。我々は何所に肺があるか、胃があるか平素考へるものぢやない。完全に故障のない働きをして居る時は存在を考へないと云ふのが普通である。外國語も我々がその存在を考へて居る間は駄目で、我々は日本語の存在を考へて居らぬ。さう云ふ風に人間の機關の一部となつて存在を感じない程になつて居ると云ふのが生きた言葉である。其點から云ふと人が大きくなつて多少なりとも自分の國の言葉が出來るやうになつてから外國語を學ばうとしても無益なことである。出來ないことである。諸君達は出來ないことをやつて居るのである。だから本當云へば出來ないのが當り前で出來るのが不思議なのである。けれどもさうばかり云つて居られないのが此世の中で、出來なくても皆英語をやる。それでそれは何所の國の人も他の國の言語を學ばうと云ふ時にはさう云ふ障害があるのです。それでどうかして斯う云ふ場合にうまい方法はなからうかと云つて考へた人は幾らもあります。で其中で有名なのは或は諸君は既に知つて居られませうが、グアン(Gouin)とかベリッツ(Berlitz)と云ふやうな人が所謂 Natural Method と云ふものを案出して、それで外國語を習はして行かうとしたことです。其 Natural Method と云ふのには二つの骨子がある。其第一の要點は何でも自國語の助けを借らずして、それを經ずして直接に物でも何でも英語で習ふ。詰り自國語を忘れさして、本當に赤ん坊見たいな風になつて、英語なら英語で以て考へさせると云ふ、それが一つの要點です。それですから諸君達が中學に於て習はれる時、先生が英語ばかり使つて敎へた先生もございましたでせう。それなどは其樣な精神に則つてやられた人なんです。それから第二の要點は何でも語學と云ふものは動詞と云ふものが中心である。だから動詞からやつて行く。それで動詞を中心としてある問題に對して、動作と共に教へて行く。例へば茶を入れると云ふことを教へるとすると、總ての器物を持つて來て、茶を入れたり汲んだり飲んだりする。ちやんと一々それを英語で以て云つて見る。是は詰り私が今申しました。言葉は人間と共に生長すると云ふ、其所を考へて成るだけそれに近い方法でやらうとしたのである。是は實際宜いことなので、斯うして本當に習つた人は英語が本當に身になつて行く。併しながらそれは今日中學などに於ては誠に行はれ難いのである。第一日本語の助けを借らずして直接に物を覺へて行くなどと云ふことは手ぬるくてならない。前にある黑板なら黑板と云ふものを、ちやんと指して blackboard, blackboard と何遍も云つて居る。間違つて指す所など違ふと天井が blackboard と思ふやうなこともある。又何年かゝつても宜いと云ふならば宜いが、決まつた期間内にやらると云ふにはさうはいかぬ。又人間は隨分忘れる。私達の經驗に依つても、私達が英語をやつて居る時に、帳面を作つて書いたものであるが、二三年經つて見ると皆な知らない字ばかりですつかり忘れて居る。忘れることがどんなにあるか知らぬ。丁度笊で水を汲んで居るやうなものである。それですから餘程ゆつくり叩き込んで行かなくちやならぬけれども、それには時間が入るので宜いとは知りつゝ實行されない。それならばどうして行くかと云へば、それはもう中學程度の教育に關することは今日は云ふことは出來ませぬが、諸君のやうに中學も卒業し一通りの英語をやつた。併しながらまだ不十分である。もつと英語が出來るやうになりたいと云ふ方に取つては是はどうして宜いかと云ふに、それは英語と云ふものと自分の life. 自分の生活と云ふものとの間に關係を附ける。自分の生活から切離して英語をやれば英語は何時でも離れて居て、其人の英語は上達することは出來ない。丁度言葉は人間と共に生長すると云ふのは何時も其人に喰つ附て關係があるからで、英語と我々の life を關係附けると云ふことは、詰り我々が知ること考へること、或は聞いたり見たりすること、それを出來るだけ努めて書留めるのである。詰り日記を附けたり或は旅行でもしたら其紀行を書いたり、或は新聞雜誌に於て見た或る思想、刺戟されたやうな思想は、始終自分が書留めたりするやうなことをやらなければならぬ。さうしなければ英語と云ふものと緣は結ばれない。斯う云ひますと、それは作文が上達するかも知れないが、譯などに於ては決して宜くなる筈はない、矢張り上達すまいと懸念されるか知れぬが、決して懸念は入らない。自分の考へることを直ぐ英語で表はすことが出來るやうにならなければ外の人の書いた物が能く分る筈はない。自分の意を傳へる英語も他の人の意思を伺ふ英語も變りはない。其程度の違ふ場合はあらふが、それを違はせないやうにするのが我々の努力で、始終使つて居れば接近して來るやうになる。ちよつと話が前後しましたが、其英語を自分の life と關係を付けると云ふことに於て、之には只やつても駄目だ。只滅茶苦茶に英語で書かふと思つて書いても駄目だ。是は矢張り本當に英語で書かふと云ふ意氣込で掛らなければ駄目である。それには毎日英文の新聞を見るが宜しい。朝日本語の新聞を讀む代りに英語の新聞を讀めば宜い。日本語の新聞に出て居ることは人から話にも聞くのであるから、英語の新聞を始終取つて、必ずそれを讀むことにして英語と云ふものを、自分が實際書く時に、色々の書き振りや例など、或は言葉と云ふものを覺えて行くやうにしなければならぬ。滅茶苦茶に英語を書くのは非常に危險なことで、幾ら書いても役に立たぬ。英語は必ず自分の現に知つて居る言葉、及び知つて居る云ひ方に依つて書くべきで、此所にちやんと斯う云ふことがありましたとか、斯う云ふ本の文章があつたとか云つて、それに合せて書くやうにしなければならぬ。英語に於て一番の禁物は自家製造の英語である。自分の作つた英語、それは極く危險で何の役にも立たぬ。殊に和文英譯と云ふことをやりますと云ふと、日本語の云ひ廻しに英語が引つ張られてどうも和製の英語が出來る。それだから譯さなければならぬやうな場合には、意味を取つてさうして自分の英語でやるやうにする。必ず今云つた自分の知つた英語とか、或は自分の見た所の例に依つてやると云ふ風にしなければならぬ。それから英語を書きますと、脇に先生でも居て直して呉れると大變宜いと思ふ。それは直して呉れれば非常に宜い、非常に宜いが實を云ふとそんなに效はないのでありますす。そこが不思議なので、私の實驗に依りますと、私は色々な物を譯さうとしまして、隨分大部なものを譯して、さうして出版でもするならば直して貰はなければならぬ。すると西洋人が直して呉れる。其所を一々見ますと成程と感心する。其時は感心しますが、扨其本なり原稿なりを一年二年仕舞つて置いて、今度出版したものに付て見ると、何所を自分が間違つて直されたのか分らぬ。自分で自分の書き方を忘れてしまつて、さう云ふ風に直されてもなか〳〵頭に入るものでない。其時は大層感心するやうでありますが、又二日三日經つと同じ間違ひを繰返す。氣附かない位ならば何の役にも立たぬ。是は自分で築き上げないからで自分で以て拵へ上げないから斯う云ふことになる。自分で築き上げれば先生は要らぬ。先生が間違へれば先生を攻撃してやり込めることも出來る。どうしても諸君が此所に講習に來られるも結構だが、一方に於ては決して講習だけに賴つて居つてはいかぬ。自分で以て會得しなければ何にもならぬ。さうして自分で英語を始終書くなり、又機會があれば喋るなりしますと云ふと、英語と云ふものが非常に面白くなる。それで違つた云ひ方などに會ひますと、それを一大發見でもしたやうに考へて、其云ひ方を非常に自分が大切にするやうになる。さうして機會があれば直ぐにさう云ふ云ひ方をして書いて見やうと云ふことになる。何でも自分の物になつて居らぬと人の物か自分の物か差別が附かぬ。其區域が判然として分り、さうして段々自分の物にすることが出來るやうにしなければならぬ。それで日誌でも宜い、又旅行でもすれば紀行文をやつて御覽なさい。初にはなかなか筆の廻るものでない。段々廻り出して來ても、どう書いて宜いか、斯うやつたら間違ひでないかと云ふことが事毎に起つて來る。それを一つ〳〵自分の知つて居る範圍で平げて行く。なか〳〵それは不便である。丁度子供が何か云ひたいが云へないから手眞似でもやると云ふ風に、さう云ふ苦しい時代を經なければならぬ。さうすると今度自分の云ひたいことを旨く云ひ廻してゐる文句にぶつかつた時は、自分の求めて居る所の友達に會つたやうな氣持がしませう。

で私の今日申上げましたことはそんなことで、大變詰らないやうでせう。詰らないやうであるが其所が肝心である。第一に英語は必ず親しみを有たなければならぬ、他人扱ひをして居つてはいかぬ。英語は生きたものである。自然のものである、英語それ自身に於て獨立の存在がある。英語を學ぶには其存在を尊重し、それに同化しなければならぬ。前に云つたやうに同化とか何とか云ふことは是は出來ないことです。實は出來ないことであるけれども、其所に近寄ることが出來るから、出來るだけ近寄るやうに努める。それから英語　と云ふものと我々の life

と云ふものとの關係を常に作ることに心掛けまして、英語で以て色々のことを言表はし、自分の思想が苦もなく英語で發表されるやうにならなければならぬ。さうしますと一方に於ては作文も出來ませふし、又譯に於てもどん〳〵進んで行く。總て全體普通の文と云ふものは何であるか、是は外國に於ては萬人の言葉である。總ての人に分る言葉である。其位の程度に外國人と雖も達しないことはないのでありませす。それでありますからして殆ど總ての人は努力に依つて其點まで達せらるることは疑ひないことであります。詰らぬことのやうでありましたが、ちよつと私の經驗から來たことを申し上げたのであります。（拍手）

英語の綴字、發音、語原等に就いて

岸本能武太

英語の綴字、發音、語原等に就いて

私の與へられた時間は僅かに一時間だと云ふことであります。僅か一時間の間に、纏つた面白い御話をすると云ふことは極めて困難である。一つの纏つた面白い御話をするには、少くとも三時間か五時間かけなければとても出來ない。然るに僅か一時間だけでありますから、實は何の御話をしたらよからうかと色々考へて見ましたが、別に妙案も出ないので、英語の綴字や發音や又語原などに就いて思ひ當つた事をイクツか續けて順々に御話しやうと云ふことに定めました。そこで私の御話は自然に雜駁なものでありましやう。今も校長室で雜駁な御話をすると云ふたら村井校長か岡田幹事かが、「此暑いのに雜炊を喰はしては暑からう」と云はれたが、暑いから却つて雜炊がよいかも知れない。例へば暑い時に私共は返つて暑い甘酒を飲むではありませぬか。だから却つて雜炊が宜しからう。私の御話の中には色々なことが交せこせに出て來るので、返つて涼しいかも知れない。餘りに纒つた話は兎角固苦しくなり易く、さうして暑いであらう。だから纒らないバラ〳〵な御話、即ち涼しくて同時に面白くて、更にイクラか艶つぽいやうな御話をして見たいと思ふのである。

併しながら私は諸君には初めて御目に掛かるので、實は諸君がどう云ふ來歴の人か又どれだけ英語を勉強した人か知りませぬから、どう云ふことを云うて益になるか分らぬが、要するに諸君はたとへば學生の雜種の樣なものであらうと思ふ。諸君の中には樣々の人が居られ、その要求も種々異つて居るに相違ない　だから私は愈々諸君に雜炊を差上げたいと思ふ。雜炊には種々の物が這入つて居るから、諸君は銘々に宜い物を選び取つて喰べられたら、その中には多少の滋養があるであらうと思ふ。どうか諸君は自分の氣に入つたものを何なり取つて下されば、それで私の目的は達する譯である。諸君は今朝は既に三時間も色々の話を御聽きになつたので、くたびれて居られるであらふから、此上六ヶ敷い御話をして疲らせたくはない。そこで成るべく面白い御話を手短にやりたいと思ふのである。

（一）

先づ第一に申し上げたいことは綴字に就いてである。能く諸君が英語を綴られるに當つて、nであるかmであるか分らない場合があらう。私は隨分長い間英語を敎へて居る。私は村井校長とは同窓又同級であつて、年齢は村井君よりは少し若くて今年は六十歳であるが、過去四十年間英語を敎へて居る。其間に種々の學生に接し來つたが、書取をやらせると、いつもnとmを間違へる人々が甚だ多い様である。例へば私は初めての學生には一年十二ヶ月の名を書かせて見るが、さうすると中學校の卒業生であつても、十二ヶ月の名が滿足に書ける人は甚だ少い。完全に書ける人は百人中指を屈する位に過ぎない。それも色々なことが違ふが、大抵の人はnとmとを違へる。十二ケ月の中には終りに「バー」の付く語が四つある。「セプテンバー」、「オクトーバー」、「ノヴエンバー」、「デイセンバー」で此の四つが大抵は違つて居る。その中でも「ノヴエンバー」はbとvとを反對に綴る人が少くないが、四つとも「バー」の前が大抵はnとなつて居る。

そこで私は規則を一つ拵へて之を敎へることにして居るが、極めて有效であるらしい。その規則は歌になつて居る。それは斯う云ふ歌である。

「忘れなよ、mpbの前はm。但し多少の例外はあり」

「忘れなよ」これが初まりだ。「mpbの前はm」これが大事な部分である。「但し――」これも歌の部分だ。「但し多少の例外はあり」これが下の句だ。歌も多いが、但書の這入つた歌は決して多くはあるまい。だが此歌を忘れないやうに、その中でも上や下は忘れても構はないが、「mpbの前はm」と云ふ句を忘れない様にして貰ひたい。斯う覺へて呉れれば、書取の時に於てイクラ利益があるか分らぬ位であらう。タッタ一つ此の規則を覺えて居れば、色々な場合で助かるであらう。前の「セプテンバー」の例で云へば「バー」の前であるから、日本語では「ン」と云うても、英語ではmで書いてSeptemberとなるのである。

又「但し多少の例外はあり」とあるが、此の例外は極めて少いが、それも知つて居ないと間違ふことがある。例へば國の名でDenmarkは、規則によればmの前はmであるべきだが、例外になつてnである。又inmostやinmateも規則ではmであるべきであるに拘らず、nである。さう云ふ例外は數が少いので、大きく云へば、諸君が一生涯の中にイクラも出會はない位なものである。序でに云うて置くが、和英辭書を見ても井上さんなどのは、たとへば「新聞」と云ふ字を引くとして、bの前でもnで綴つてshinbunとなつて居るが、武信さんのは規則通りにmで綴つてshimbunとなつて居る。日本語では「ン」でも「ム」でも構はないからドチラでもよい様なものの、規則を知らないと、一方の字引には「新聞」

と云ふ字がないと云ふ様なことになるであらう。字が這入つて居ないのではない、字の書き様が違つて居るのである。そこで先づ第一に「nmpbの前はm」と覺へるとして、

（二）

第二も矢張り綴りに就いてである。即ち「イー」と長く響く時に ei と綴るか或は反對に ie と綴るかマギラハシい場合には、その前にcが在る時には必ずeiが來ると記憶するが便利である。斯く云ふは決して「イー」と長く響く ei の前には必ずcが來る、と云ふ意味ではない。そは seize, leisure, neither, seignor 等に於いては ei であつてもその前に c は無いからである。だが併し前に c がある時には妙に ie は來ないで、ei が來るのである。たとへば receive, deceive, conceive, perceive, receipt, deceit, conceit, ceiling 等皆然り。然るに brief, chief, lief, thief, field, fierce, pierce, niece, piece, priest, wield, siege, shriek, yield 等に於いては、ie

であると同時にその前が c 以外の字になつて居る。而して此の receive 等 c e i と續く語は、英語では最も普通に用ゐられる語であるから、是も規則を知ることが肝要で、規則さへ覺へて居れば何んでもない。

私は是にも歌を拵へて居る。

「ei か又 ie か迷ふたら、シィーと引張りイーと知るべし」

此の歌の意味は斯うである。後に ei の在る語には前に c があるのが多くて、c 以外の字で始まつて居るのは多くはない。同時に c で始まつて ie となる語は皆無であるが、c 以外の字で始まる語には、次ぎに ie が來るのが普通で ei の來る語は甚だ稀である。そこで ei か ie か分らぬ様な場合には、試みに瞑目しながら、先づ c 卽ち「シィー」と長く引張つて發音して見るがよい。「シィー」と長く引張つて居る間には、後に e の音が聞えるから、e の方が前で i の方が後で、全體が cei であることが分らう。それが卽ち「シィーを引張りイーと知るべし」である。

上で云うた樣に、此の規則は、cで始まる時にのみ當て篏まる規則ではあるけれども、さう云ふ場合が屢々起つて來るので、甚だ有益であることが分るであらう。書取や作文の試驗などで咄嗟の間に間違ひを避けることが出來るであらう。成るべく斯う云ふ直ぐ役に立つことで、目先の變つたことを敎へると學生は喜ぶものである。

（三）

第三は語を連音に分ける時の規則であるが、此の規則は內容から云へば昔から存在し來つたのであるが、此の規則の形式卽ち言葉は私が拵へたので、卽ち「長離短合」と云ふのである。故に今日に於いて若しさう云ふ言葉を使ふ人があれば、それは全く私から出たので、實は一應私に斷るべき筈であらうと思ふ。と云うたからと云うて、何も今私が本家爭ひをする譯ではない、只事實を云うて置くだけのことである。さてそれではそれはどう云ふことであるかと云ひますと、御承知の通り英語には長い語即ち澤山のシラブル (syllables) から出來て居るのが澤山ある。こんな御話を詳しくすると澤山時間が掛かるが、此等の長い語を分けるには決して無茶苦茶にやつてはいかぬ。必ずシラブル即ち連音で分けねばならない。何所ででも分けないで、連音と連音との間で分けねばならない。語を連音と連音との間で分けるは、身體の多くの骨を關係と關節との間で離す樣なもので、自然であるが、何所ででも分けるのは、一本の骨を途中で折る樣なもので、極めて不自然である。

例へば camel と云ふ語はどう分けるか。ca と mel とに分けてばいかぬ。是は必ず cam と el との二つに分けねばならぬ。然るに paper はどうするかと云ふに、今度は pa と per とに分けねば間違ひである。一寸聞くと勝手な樣であるが、そこに規則があるので、それが役に立つ。それは「母音が長ければ次の子音を離すが、若し母音が短ければ、次ぎの子音と合す」と云ふのである。だから之を手短に「長離短合」と云ふが、此の言葉は私の拵へたもので、此の四字を知つて居つて貰ひたい。

併し凡べての規則に例外がある樣に、此の規則にも亦多少の例外があつて、實際困ることがありますから、これも當座の規則で、結局は矢張り字引を見なければならないのである。例へば danger と云ふ語は誰でも兎角デンを短く云うて「デンヂャー」と云ひ易いが、實は「デーィンヂャー」で a が長いのだ。だから上の規則に從へば da と nger とに分けねばならぬことになるが、それでは後の半分が發音が出來なくなるので、止むを得ず規則を犯して dan と ger とに切るのである。例外は何んとも仕方がない。

英語の先生でも能く間違へるのが secret と secretary とである。前者の始めの e は長いから se と cret とに分けなければならぬ。又元來 secretary は secret から來たので、前者は「祕密」で、後者は「祕密を有つ人」即ち「祕書官」である。

そこで我等は是等二語を同じ様に發音して居るが、後者の始めの e は短いから sec と re と ta と ry との四連音に分けるのである。斯う分けなくてはいけない。

又 father と mother 是が能く違つて居る。一方では「僕のファザーが」とファを短く云ひながら、同時に他の一方では「君のマーザーは」とマーを長く云つて居る人々も少くないが、それは間違ひである。fáther の ä は長いし、又 móther の ŏ は短い。だからそれを反對に「ファザー」、「マーザー」と發音する人々に對しては、私は君の『兩親は「蚤の夫婦」か』と聞くことに極めて居る。その譯は、云ふ迄もあるまいが、蚤は亭主の方が小さくて家內の方が大きいと云ふから、ファザーと音の短いお父さんの方が脊が低く、マーと音の長いお母さんの方が脊が高いに比較したので、その不自然を笑つたのである。こんな奇拔な方法で發音を直すのは極めて有效であるらしい。

（四）

第四は、例へば sit と云ふ字に ing を附ける時どうするかと云ふに、單に ing を付けて siting ではいかぬ。それでは「サイティング」となつて「シッティング」とはならない。其時は必ず t を今一つ入れて、sitting とする。run の時も同じことで、n を今一つ入れて running とする。是にも私の拵へた規則がある。是は數學的の規則で「一つと一つは二つ」と云ふのである。方程式で書けば 1+1=2 となるので、何所迄も異論のないことであらう。それはどう云ふことかと云ふに、たとへば run と云ふ字で云へば、「一つと一つは二つ」と云ふは、初めの「一つ」と云ふのは、run の終りの子音字即ち n を云ふので此の終りの子音字が一つしか無いと云ふことである。さうしてその前にある母音字なる u も亦タッタ一つである。これが第二の「一つ」である。即ち run の仕舞に子音字が一つあり又その前にも母音字が一つある。これが「一つと一つ」である。斯く二つとも「一つと一つ」である時には、「語尾」即ち Suffix である ing を付ける前に、その終りの子音字を二つにしてから付けると云ふことで、それを手短に「一つと一つは二つ」、と言ふのである。斯う覺へて居ればそれで宜い。只忘れてならぬことは終りの子音字も一つ又その前の母音字も一つでなければならぬと云ふこと丶、その時は其儘で ing を附けないで、先づ終りの子音字を二重にしてから附けねばならぬと云ふことゝである。1＋1＝2 は如何にも數學的で理窟に合ふて居るから尙のこと覺へ易からう。

然るに例へば「落ちる」と云ふ字即ち fall は元來終りに子音字が二つあるから、更に之を二重にする必要はないので其儘語尾を付けて falling とすればそれでよい。數學上「二つと一つは二つ」とはならないからである。又「雨」と云ふ rain と云ふ字は終りは子音字が一つであるが、その前に母音字が二つあるから、是又「一つと二つは二つ」とはならないから、終りの子音を二重にする必要はないので、單に raining とすればそれでよい。何所迄も「一つと一つは二つ」とさへ覺えて居ればそれでよい。

只一つ忘れてならないことは、此の規則の當て嵌まるのは、付け加へられる語尾が母音で始まる場合に限ると云ふ事である。たとへば ed とか er とか ing とかの如きである。さう云ふ規則を覺へて居れば、書取の時などに間違ひが避けられて大變に都合がよからう。

そこで又斯う云ふ問題が起つて來る。たとへば visit に ing を附けるには、t が一つ又 i が一つで「一つ一つ」てあるから t を二つにしたい様であるし、又多くの人々は實際斯うするが、それでも此場合では t を二つにしたら間違ひである。がこれは何んだか規則に矛盾して居るやうに思はれる。併しそこには又今一つ別な規則がある。卽ち「一つと一つは二つ」と云ふ規則は、長い語に於いては語の終りにアクセントがある時のみに當て嵌まるので、その他には當て嵌まらないものである。visit には語尾にアクセントがないから其儘附ければ宜い譯で、斯くアクセントのない時は云はゞ例外である。又 limiting を見れば ing の前に t が一つしかないから、それから押してアクセントが it には無いと云ふことが分る。之に反して remitting には ing の前に t が二つあるから mit にアクセントのあると云ふことが分る。此の remit と云ふは「爲替を送る」と云ふ字で、諸君に取つては嗜れしい字であらう。又 begin と云ふ字も gin にアクセントがあるから、必ず beginner 又 beginning と n を二重にすべきであるが、幼稚な學生の最も間違へ易い字である。

（五）

第五は是も私の作つた規則で「名前動後」と云ふ。これは「名詞は前又動詞は後」と云ふことで、是はアクセントの位置に關する規則である。アクセントのことはユックリ御話したいが、時間がかゝるから今は出來ない。又重ねて機會があつたら精しく御話することにしやう。兎も角も英語にはアクセントと云ふものがあつて、大變に大事なものであるから、それを甘くやらなければならぬ。アクセントが違ふと西洋人には當方の云ふことが分らない。たとへば一番皆が間違へ易い語の一つは character で、是は始めを揚げて char′-ac-ter と發音すべきであるに、日本人は一般に中央を揚げて char-ac′-ter と發音するから西洋人には分る筈がない。日本に居る西洋人は、日本人の間違つた英語を聞き慣れて居るので分るかも知れないが、それは私の所謂割引の英語で、それでは西洋へ行つては分らない。「此唐人め英語が分らないか」などゝ云つて怒つて見ても仕方がない。それは向ふが惡いのではなく、コチラが惡いのである。

今此所で云ふ「名前動後」の規則は、英語で始終使はれる語で名詞にもなれば又動詞にもなる殆ど百程に當て嵌まるが、其百程は大切なのであるから、此の規則は必ず知つて居らなければならない。其百語程は名詞の時と動詞の時とでアクセントの位置が前後になる。卽ち名詞の時は前の連音にあるアクセントが、動詞の時は後連音に變るのである。そこで之を「名前動後」と云ふ。精しく云へばそれも名詞と動詞とに變化すると限る譯ではなく、名詞と形容詞と又は形容詞と動詞とに變化するものもある。たとへば present は動詞の時は pre-sent となる。卽ち語尾で音が揚がる。さうすると「呈する」と云ふ字になる。それが名詞「贈物」或は形容詞「出席」の時は pres'ent となつて前連音が揚がる。動詞の時は∨と響き名詞の時は∧と響く。それを西洋人は必ず區別して發音するが、日本人はドチラでも同じやうに云ふから、西洋人には分らないのである。今一列を擧げんに、progress も「名前動後」の字で、名詞の時と動詞の時とでアクセントが前後になるので、之をちやんと區別して發音しなければならぬ。「名前動後」を取違へる樣では、英語にはならぬが、斯う云ふ字が百程あつて而も始終使はれる字である。

既に accent と云ふ字それ自身が名詞の時と動詞の時とでアクセントが違つて居る。よく聞くことであるが、先輩の先生達が他の人を批評して、「ごう もあの男はアクセントが悪くて困る」と云つて居るのを聞くと、アクセントと云ふ語の尻の方が揚がつて居るので、實はドチラの方がアクセントが悪いのか分らなくなる。だから「名前動後」と云ふ規則を能く覺へて居つて欲しいのである。

（六）

序でにもう一つ第六を云ふて御仕舞にしやう。今度は英語の語原に就いてであるが、その内でも特に con と云ふ「接頭」即ち Prefix の御話であります。con と云ふ接頭は英語には澤山に用ゐられて居るので、字引を見れば、con で始まるのは何頁もある。加之此の con の n は m になつて居る語も澤山ある。即ち前に云うた通りに「m p b の前は m」である。啻に com のみならず col ともなれば cor ともなり又單に co ともなるが、此の con と云ふのは英語の with と同じで「一緒に」「共に」又「同じ」と云ふ意義である。そこで面白いことは、前に con の付いて居る語は、その後に付いて居る字は知らない字であつても「共に」だ「一緒に」だと思へば大抵意味は通ずるものである。そこで試驗の時は二十點か三十點は取れることにならう。何んでも「一緒らしい」など思つてやればそれでよい。たとへて云へば、漢字の三水「氵」の様なもので、全體の字は何か分らないでも、何か水に緣のあるものだと思へば、それでよい。connect, combine, composition, collection, correspondence 等皆然りで、何か知らんが「一緒にすることだ」と思つてやれば宜いのである。composition の position は「位置」であるから、全體は「一緒に置くこと」で「組織」であり「作文」である。斯くの如く con を覺えて居れば、大變都合が宜い。

con の n は h 音或は母音の前では消滅して單に co となる。たとへば here(クッツク)の前では n が消えて co-here となるが如し。同じ「クッツク」にも cohere と adhere とがあるが、adhere は一方のみがクッツクので、たとへば膏藥が股にクッツク様な場合であるが、cohere は兩方からクッツクので、adhere を「鮑の貝の片思ひ」だとすれば cohere は二人が心中でもする様な熱心なクッツキ様であらう。又 co-education や co-operation の如きもある。co-education は「男女一緒の教育」であるが、co-operation は「共同作業」の意である。

又此の con は元來拉丁語から來たので syn と云ふ希臘語と同意義である。故に syn があつたら同じく何でも「一緒」と思へば宜い。syntax は「文字を並べて文章にすること」であるが、sympathy では p の前だから、n が m になつて居るが矢張り「一緒」で拉丁語で云へば conpassion と同意で、共に「同感同情」の意である。さう云ふ風に syn なり con なりあつたら「一緒」と云ふことを覺えて居りたいから、そこで私はそれを一緒にして「シンコン旅行」と云ふことにして居る。「新婚旅行」に一人で出かけるものはない。必ず二人で行くに極まつて居る。新婚旅行は必ず「二人一緒の旅行」であつて、取りも直さず「syn con 旅行」である。

「新婚旅行」に緣のある面白い字は company であらう。com は云ふ迄もなく「一緒に」であるが、pany は拉丁語の pains から來たのでパン（卽ち麵麭）である。故にコムパニィは「パンを一緒に食ふ」の意で、文字通りに「コンパニー」である。さう云ふ風に英語の語原を調べると、英語はなか〳〵面白いものだと云ふことが分る。英語の語原も調べねばならないし、又新婚旅行もせねばならないから、何分にも腹が減つてはいかぬ。そこでパンでも十分に喰べるか、或は私の今日の御馳走の雜炊でも召し上つて腹をこしらへ、「ホネームン」でも濟んだら大いに一勉强したら宜いだらうと思ふ。（拍手）

ファストリーディング

吉岡源一郎

ファストリーディング

今は大變偉さうな御紹介に與かりまして誠に恐縮であります。それで直ぐ今日のお話に入りますが、一昨日こちらの校長さんからお手紙を頂きまして、今日の私の題は fast reading（ファスト・リーディング）といふことにして呉れとのことでありました。實は今日の講演については餘程前から伺つて居りましたので、多少他に考へて居たこともございますが、こちらの先生の方からファスト・リーディングについてお話せよといふことでありますので、仕方無しにこの題にいたしました。ファスト・リーディングといふことは私が外國語學校でやつてゐる所でありますが、一寸一時間位のお話でこれを盡くすといふことは難かしいのであります。しかしながらこの一時間位のお話のうちに、私の豫てやつて居りますファストリーデイングといふことが大體皆樣にお解になつて、それを多少でもこれからおやりになつて頂くことが出來れば、私にとつて誠に仕合せなことと思ひますので、これからそのお話をいたす心算であります。

ファストリーデイングといふことは、これは米國にさういふ言葉を使つてゐる學課がありますので、つまりその言葉を借りて來た譯でありますが、米國あたりでファストリーデイングといふ學課はどういふ學課であるかといふと、それは米國のことでありますから英語は自分の國語でありますが、その他の外國語を勉強する、例へば獨逸語なり佛蘭西語なりそふいふものを研究しますときに、二年三もやりますと文學の書物でないもの、例へば歷史の書物とか science（サイエンス）の書物とか、或は他の語學以外の何か實際的なものを取つて、それでグランマーとかイデオムとか何とかいふことに構はないで、たゞ內容を讀んで行く、さ斯ういふ種類の學課であります。しかし私の今こゝで申しますファストリーデイングといふことは、それとは趣を異にしたものでありまして、これは今から十四五年位前から私が外國語學校で實際に行つて居るところでありますが、こんなことをやるのは世界でたゞ外國語學校一つだけかも知れない。實際私ども他にさういふ例を見たことがないのでありまして、その點では私どもは外國語學校が世界一の學校であると誇つて居ります。――これは内聞でありますが、まアお話をする關係上一寸漏した譯であります。

それならそれはどういふことをするのかといふと、これから說明をするのでありますが、その實際はなか〳〵僞には出來ないことと思ひます。また斯ういふお暑いときに始めるのは隨分困難であるかも知れません。外國語學校の生徒は中學校を卒業して入つて來るのでありますが、入つて來て初めのうちは、このファストリーディングが一番難しいと斯ういつて居る。それだけではなくして、卒業をするまでこれ位いやな學課はないといつて居るのであります。けれども學校を出てからは、これ位面白いものは無かつたと斯ういつて來るのであります。で卒業生諸君がさう言つてくれるのを樂しみに續けて、今日既に十四五年間に及んで居ります。これは私ども竊かに誇りとして居るところで、實際に於て早く讀むことが出來るかどうか別問題として、これだけはたしかに申すことが出來ると思ひます。外國語學校を出たものは如何なる書物を見てもビクともしない。これ位のものを平げるのは何でもないといふ心持だけはもう誰でも有つて居ると申して差支ないのであります。讀めるか讀めないかはとにかくとして、大きな書物を見ても尻込みをしないのであります。私はこれは必要な學課であると思つて居ります。そして英語を勉强される方、その他どんな外國語でも語學を勉强する方は、必ず之をやられるがよいと私は信じて居るのでありますから、今日はそれを私は喜んでこゝにお話申さうとするのであります。

效能はさて措きまして內容に入つて見ませう。それはどういふやうにするのかといふとつまり書物を早く讀む、たゞそれだけの事であります。書物を早く讀むには、字引を引いてゐては迚も早く讀めません。これは皆樣御承知の通りで、字引を引くといふことはなか／＼時間のかゝることである。だから第一に原則として字引を引かない、これがファストリーディングの主要な點であります。それからもう一つは、その中に書いてある事柄が大體解ればよいといふことを心掛るのであります。即ちたゞ一二の文字が解らないばかりでなく、一句や二句解らない句があつてもそれを氣にしないで、從つて態々字引を引かない。つまり場合によつては one sentence（ワン・センテンス）位解らないところがあつても、それを飛ばしてしまう。或は場合によつたなら一頁位解らないでも飛ばしてしまう。また一頁位飛ばしてしまつてもそんなことは一向構はない、と斯ういふ主義で先へ先へと讀んで行くのです。

まづ初めに一ツ書物をそこに開けます。書物を開けて初めて勉强するときは右手のところに紙を置く。それは讀んで行くうちに、自分で一寸これだけは記憶して居たいといふことがあると、それをその紙に書きつける。これには長い時間をかけてはいけないから、一寸走り書きをする。手に鉛筆或は萬年筆をもつてをつて、必要なものを書く。さうして置いて書物を讀みにかゝる。讀むときには決して發音してはならない。また發音しようとしてもならない。まづ書物を開けると眼で見て、そのまゝ直ぐ頭で理解する。斯ういふことを始めの原則として行はねばならない。もし發音してそれから理解しようとすると、斯ういふ故障が起つて來る。まづ諸君は字を讀む。例へば house（ハウス）ならばハウスといふ字を諸君は眼で見る。眼で見てその綴りから推してそれが必ずハウスであるといふことを判斷しなければならん。ハウスといふ字であるといふことを判斷したならば、今度はそれを腦髓から神經を通じて口内にあるところのいろ〳〵の發音の機關にハウスと發音せよと傳へる。するとよろしいといふので發音の機關が働いてハウスと發音する。それを耳が聞いてその音を再び神經を通じて腦髓に傳へる。そこで腦髓がそのハウスといふ音からこれは「家」といふことだと判斷する。眞に非常な遠廻りになります。それを初めから發音をも何をも考へないで、眼で見て直ぐに「家」と理解する。これ位早いことはない。音讀をしてやると、どうしても長くかゝる。無論私が今言つたやうに然う長くはかゝらないかも知れません。けれどもそれが積り積つて行くと隨分な時間になります。厚い書物を一冊讀むといふことになれば、音讀と默讀の時間の差が隨分ついて來ます。だからまるで發音しないといふことばかりでなくして、發音しようといふ考へも起さない。つまり發音といふことにはちつとも心を煩はさないで、始めから字を眼で見る、見て直ぐ理解する、といふこれが大切な原則である。

それから本を讀んで行くのに決して一字づゝ讀んで行かない。全體を通して讀んで行く一行をずつと讀む。今度は二行、三行、四行と斯ういふ風に鉛筆の尻で押して讀んで行く。初めはなか〳〵然う出來ないやうであるが、慣れて來るとだん〳〵早くなつて、上手になるといふと一種神祕不思議な力が加はつて、自分で考へられない位早く讀める。まるで一々見て行かないでも、それで大抵內容が解つて來ます。初めは然うは行かないでせうが、慣れて來ると然うなつて來る。それからこの鉛筆或はペンを手に持つことですが、これは讀んで行くうちに何か一寸忘れはしないかと思ふこと、或は書き留めて置きたいと思ふことを右手に用意してある紙片に書きしるすのであります。例へばこゝに一ツの固有名詞がある、それが一寸覺えられないものであるとすると、それを紙に書付けて置く。つまりさういふ固有名詞が將來出て來たときに、これは何だといふやうなことが分るやうにして置きます。それからまた鉛筆の尻で斯うやつて行く。この鉛筆を使ふといふことが、これがまた非常に大切なことで、これが出來ないといふと一寸よく讀めない。これは初めてやる人に取つては、何だか要らないことをやつてるやうで面倒臭い、是れよりもずつと讀んで行く方が早いやうに思はれますが、しかし鉛筆を使はないといふとどうもうまく行かない。斯う鉛筆の尻で押してやるとやらぬとでは結果が餘程違ふ。何故違ふかその原理を一ツ調べて見ますと、それは大して難しいことでもありませんが、たゞ眼だけを使ふやうにして書物を讀んで居りますと、動もすればゆつくり進みたいといふ心持になり易い。丁度諸君が暑いときに歩いて居ると動もすればゆつくり歩き度いといふ氣持になると同じく、書物を讀んで居るときにも何時の間にかゆつくり讀み度くなります。所が鉛筆を持つて居ると、鉛筆が早く入らつしやい早く入らつしやいと催促するやうな譯で、自然に速度を扶けて眼を早く動かして呉れる。つまりこれが導きをするのであつて、手の方が早くなれば眼がそれについて行くといふことになる。それで餘程進んで行く早さを扶ける一方にはまた眼の扶けになる。それは書物を讀んで行つて居るときに書物によつてフト行の間違ふことがあります。一行の終りに來てまた同じ行を讀むとか、一行飛ばして讀んで、何だか變だと思つてまた見直すといふことがある。そのとき鉛筆を手にしてこれをやつて居ると、殆んど行を間違へるなんといふことはありません。さういふ風にして眼を手で扶けて書物を讀んで行きます。それでだん〳〵進んで行きますが、この場合に當つて、前にお話した以外にもう一ッ注意しなければならないことがあります。

それは精神を集注するといふことで、これが非常に大切なことであります。書物を讀んで居るときはもう他のことを忘れてしまつて、その所に全く自分の魂を入れ込んでしまうといふことが必要であります。これが出來ないならば、ファストリーディングは決して出來ません。前にも申しました通り、發音をしないで眼で見て直ぐに理解する。そして鉛筆で扶けて行くのでありますから、そこは實に靜かになる。そのとき若し精神を集注しないで他のことを考へる。今日は兩國の川開だがどんな花火が揚がるだらうかといふやうなことを考へる、假令そんなことを考へないでも外のことを考へながらやりますと、讀む方はお留守になつてしまつて、從つて解りもしないし早く讀むことも出來なくなるから、どうしても精神の集注といふことがなくてはならん。それが非常に大切なことで精神の集注が出來るといふと、比較的容易く進むことが出來るであります。

しかしながらもう一ッ練習といふことがどうしてもなくてはならん。假令前に申したことが容易に出來ても、また精神の集注が出來ても練習がなくては進まないものであります。諸君はこれまでどういふ經歷をもつて居られるか私は存じませんが、普通中學校なり其他の學校で英語を勉强して居る有樣を見ますと、一字づゝ譯をして、それから次へ次へと譯して行つて居ります。それで少しも他のやり方をしないものですから、それが習慣となつてしまつて、字が一字でも分らないともうどうしても進めないといふことになる。これは屢々いろんな所で見受けるところで、私の知つて居る或中學校の生徒ですが、解らないでもいゝからこの話を一ッ讀んで見よといふと、讀めないといふ。一字讀めない字があると何だか氣にかゝつて進めないといふ。それは無理の無いことであります。習慣といふものは恐ろしいもので、斯ういふことにすら習慣の影響が及んでゐる。皆樣はどうでありますか。斯ういふ學校は隨分澤山ありませう。學校でリーダーならリーダーの譯をします。先生の命令で生徒が立つてリーダーの譯をする。少しも間違はない譯をする。然もその生徒は餘程大きな聲で譯をする。そのときに、「それぢや次に進みます」と斯ういつて直ぐお進めになる先生が多くありませうか。さうでない先生が隨分多いやうです。大概はその生徒の譯が正しくても正しくなくても、先生自身がもう一度譯をして、それから後に初めて先へ進む。これがなか〳〵强い習慣となつて、先生が後で譯をなさるといふことが頭にしみ込んで居る。だから外國語學校の夜學などに見えます方には、私ども夜學で輪講をして、學生の方で間違無く譯したときには直ぐ次に進むといふことにして居りますが、すると私のところへ來て、あれぢや先生困ります。あなたが一度譯して下さらなくてはどうしても覺えられません、と斯ういふ。それが一度や二度の例ぢやない。生徒の方ではたゞ輪講したのではどうしても覺えられない。先生が一度やらなければ覺えられないといふ習慣になつて居る。その習慣があるから、どこまでも教師にやつて貰はなければならんといふことになつてしまう。習慣といふものは恐ろしいものです。諸君が突破しなければならんことはそれです。讀んで居るうちに一字でも解らない文字があつたら先に進めないといふ、然ういふ習慣は打破しなければならん。その一字や二字といふものは、多くはその文章の中味を讀むのに大した關係のないものであります。場合によつては一字でも二字でも大切な關係のあることもありますけれども、どちらかといへば關係の無いもので、私ども解らない字があつても、大抵のことなら前後の關係から推察します。これは何も事珍らしい譯ではないので、諸君が日常に於てなさつて居る所である。例へば新聞を讀む雜誌を見る、それは日本字のものですが、あの中に、これはどういふ字ですかと訊くと、諸君皆一々返答が出來ますでせうか。さアこんな意味ぢや無からうかとか、或は何だかどうも解らないといふやうな字句にぶつかることが往々ある。言換えれば出鱈目の讀方をして進んで居ることが隨分あると思ふ。それでゐてその場合に新聞雜誌の內容に不審を懷くといふことはないでせう。それと同じやうに外國語でも一字や二字や解らないでもそんなことは平氣です。場合によつてはそれが非常に肝要な文字で、それが解らなければどうしても全體が解らないといふやうなこともありますが、さういふ場合があつたらば今言つたやうに脇に紙がありますから、それに書いて置いて、それで後でゆつくり字引を引くなり何なり致します。

もう一ツのことは文字を覺えるといふことです。どういふ風にして覺え込むか。字引を引いて覺え込むといふことは諸君既に知つておいでなさる筈だ。私ども語學は隨分澤山やつたものでありまして、米國に居るとき、十五六箇國の言葉をやりました。それで今はもう皆忘れてしまいましたが、しかしお蔭で語學がどんなものであるかといふことはよく覺えて居ります。中にも單語を覺えるといふことはなか〳〵難しいもので、私は帳面を作つて新しい言葉を一々書いて英語でその譯をつけて置きました。そして閑なときにはポケットから帳面を出して、まづ譯の英語を手で隱して置いて、外國語のラテンなりグリーキなりの文字の意味を考へて見る。それが濟むとまた今度は外國語を隱して置いて英語からその外國語を思出して見る、暇のあるときはそんなことをして覺える。がこれは非常に苦しいことです。そしてまた字引を引くといふことがうるさいことであります。先づ一つの言葉を見て何といふ字だらうかと思つて字引を引きます。字引を引いて、いよ〳〵解つたと思つて字引をぱたんと閉ぢる、閉ぢてさて今のは何だつたらうかとまた開けて見なければならんことがある、頭の惡るいときなどにはそのやうなことがある。そんな譯で字引を引いて覺えるといふことにはなか〳〵苦勞がある。

そこでもう一ッの覺え方がある。これは字引を引かないで覺えるやり方で。それを諸君が御存じになつたら大變便利だらうと思ひます。その遣り方は今お話したやり方から出て來るので別に大したこともありもせんが、早く讀んでゐるうちに分らない字が出て來る、何か特別な字が出て來ると、まづこの字を何どいふ字か解らない字だと、こう覺えるのです。これ位のことなら誰でも覺えられるだらうと思ひます。つまりこの字が解らないといふことを覺えるので、その解らないと覺えて居る字は、讀んで居るうちにまた出て來るに違ひない。それでその解らない字がまた出て來た、復た出て來たと思つて覺えて居る。さういふ風に何度も何度も繰返して出て來ると奇妙なことにその解らない字がだん〳〵解り出す。これは諸君やつて御覽なさい。私は自分の實驗上からお話をするのですが、必ず解り出すものです。それは始から假に解り出す譯には行きませんけれども、丁度夜が明けて朝になるやうな工合に、始めにぼんやりして居るが、この文字はかういふやうな種類の文字ではないかといふことが心に浮んで來る。だん〳〵讀んで居るうちにまたその字が出て、前に思つたと同じやうだがもう少し明瞭になつて來る。そして遂には全く斯うでなければならんといふ所まで來る。初めから字引を引かないで遂に意味が解るのである。私の實驗上のお話をいたしますと、私が米國に行きましたときあちらの學校で獨逸語を始めました。それから一年ばかり經つたときに私が學校の獨逸語の先生の所へ行きますと、先生が之を一つ讀んで見ないかといつて本を一冊貸して下さつた。で宜しい承知しましたといつて持つて歸つた。そのとき私はその本が何であるか知らなかつたのでありますが、歸つて見るとそれはアラビヤンナイトであつたのであります。私がアラビヤンナイトといふ書物を讀んだのはこれが初めてゞありました。獨逸語のアラビヤンナイトは、英語のアラビヤンナイトも屢々そういふのでありますが、一千一夜物語といふ題になつてゐます。とにかくそのとき先生がその書物を貸して下さつて字引を引かないで讀めと仰言つた。ですから私も字引を引かないで讀みましたが、どうも解らない字が隨分ありました。何しろまだ一年しか獨逸語をやらないのですからその筈です。しかし私は獨逸語のアラビヤンナイトは、英語のよりも容易しく書いてあるのではないかとも思ひますが、讀んで行くうちに解らない字が澤山出て來ます、しかし意味はどうか斯うか解る。さうしてなか〳〵面白い。私はこの書物を初めて讀んで然も面白いからずん〳〵進んだ。で初めのうちは解らない字が多くて判斷に苦んだやうなことも度々でしたが、讀んで行くうちに自然に解らない字が解つて來た、どう考へても斯ういふ意味でなければならんといふ所に到達するやうになる。さういふ風で夏休みにすつかり讀んでしまひましたが、その讀んでしまうまでに、同じ字が何度も出て來て、それがためにともかく解つた字が非常に澤山ありました。それで私が二年目の學年の初、即ち九月に勉强を始めるときには、私の vocabulary (ボギヤブラリ) は相當豐富になつて居りました。これは實驗したところで、獨逸語をやつと一年やつた位のときに於て然うでありました。諸君は英語を何年やつて居りますか。三年四年五年、或はそれ以上であるかも知れん。その位でありますから諸君がおやりになるならば、私の今の獨逸語でやつたやうなことが必ず私より容易に出來ると思ふのです。それでだん〳〵讀んで行つて解らない文字は然ういふ風にして覺える。これが最も容易しい愉快な覺え方だと思ひます。少しもそこに苦勞がない。無理がない。夏休みで隨分暑いでせうが、諸君は一冊の書物をもつてボートならボートに乘つてそこで讀むがいゝ。まさか字引をもつてボートに乘る譯にも行きますまい。たゞ一冊の書物を携へて、或はハモツクに乘るとか或は樹の根に腰を下して、自分の心の行くまゝに面白い書物を讀む。解らない字があつたら解らないと覺えて居るとだん〳〵それが解つて來る。しかも然ういふ風にして覺えた字は決して忘れません。字引で引いた字は、解つたと思つて閉ぢると、さて何だつたかなアと思ふことがあるといふことは前に申しましたが字引を引かずに覺えた字は決して忘れないで、英語を諸君がやつておいでなさる間は何時までも覺えて居られます。卽ち斯ういふやうなやり方をすると非常に愉快に文字が覺えられるのでありますが、それと同時に書物を澤山讀むことが出來るので、この點だけでもどれ位愉快であるか知れません。そして書物を澤山讀めば、それだけ内容もずつと解りよくなつて來ます。奇妙なもので、今お話したやうに何頁も飛ばしても、書物の全體の内容には關係しませんで、隨分よく意味が解ります。

さういふ風にして私は隨分澤山書物を讀みましたが、それでしかも非常に面白く讀めます。書物を讀むといふことが一種の愉快になります。それから諸君が世の中に出て英語を利用なさらうといふときには、實際にこの方法を措いては他に無いのぢやないかと思ひます。諸君のうち英語を勉强して、英語で世の中に立たうといふお方、或は英文學を勉强して英文學で立たうといふお方或は語學を勉强して飜譯を以つて立たうといふお方、斯ういふ專門の人は別でありますが、それ以外の人は語學を何になさる、必ず參考書を讀む爲にお使ひになるのでありましよう。その參考書を讀むには一々文法を考へる必要はありません。一々イデオムを調べる必要ありません。たゞ内容が解ればよい、内容が解つてそして澤山の書物を讀んで澤山の知識を得ればよいのであります。それには今私の申上げた方法で澤山讀書するといふことが何よりも大切なことであると思ふ。これは一々グランマー或はイデオム或は言葉を正確に譯するといふことより必要であると思ふ。

しかしながら少しも精讀しないで斯ういふ讀み方ばかりをするについて一ッ注意しなければならんことは、動もすれば頭が粗雜になることであります。そこは注意しなければなりません。ですから之を補ふのに精讀といふことが無論必要であります。必要でありますが實際から言ひますと、世の中に出て必要なことは今お話したやうに澤山書物を讀むといふことであります。私は或る實業家から斯ういふことを聞いたことがある。その實業家といふのは紐育に支店をもつてゐて、太平洋を十何囘横切つたといふ人ですが、その方が航海される間に西洋人の讀書の有樣を見て、それが自分等に出來ないのは殘念であるといつて話されたといふのは、御承知の通り船の中は甚だ無聊で仕方がない。そこで多くは書物を讀みます。殊に西洋人は澤山の書物を讀みますが、その讀み方は非常に早くて、三百頁位の書物は一日に讀んでしまう。五百頁六百頁といふ本を二日位で讀んでしまう。ところがその方が言はれるのに、私も一ッ眞似しようと思つてやつて見たが、三百頁の書物を讀むのに幾何努力しても一週間かゝる。一方は一日に讀んでしまうのに一方は七日かゝる。七倍の時間を要するのである。それがもしたゞ一册の本を讀むといふことだけならば何でもないけれども、だん〳〵それが續づいて行つて、太平洋を横ぎるのには十何日かゝりますが、その十何日も續いた場合はどうであるか。向ふの人だつて毎日々々一册づゝ讀む譯ではなく、時には散步したり遊んだりして居る事もありませうが、假りに西洋の人が一日に一册づゝ讀むとすれば、太平洋を横切る間に十册、或は十何册讀む。それに對して此方はたつた二册位の割合にしかならない。これが十年間續いたらどうでせう。二十年だつたらどうでせう。向ふの人と此方の人との知識の懸隔といふものは非常なものである斯ういふやうに慨嘆されてゐたのです。しかし今私がお話しましたフアストリーデイングをやつて見ると、これに熟練して行きますればそれ位のことは何でもない。譯なく出來るものです。私が外國語學校で試みますところでは、二十頁を三十分で讀むといふことは普通の人でも出來る。尤も書物によつていろ〳〵ですが、普通の小説のやうな書物ならば二十頁を三十分で讀むといふことはこれは普通の學生で出來ます。それで天才になると隨分早い。天才といふものは恐ろしいもので、上の一行と中の一行と下の一行と、三行讀めばどういふことがそのページに書いてあるか解つてしまうといふ人がある。また一頁づゝはぐつて見ると、それで内容が解るといふ人もある。つまり頁を繰りさへすれば書物の内容が解るのである。これは天才でなければ出來ないことで、私も出來ません。私は天才でも何でもない。しかしどのやうな人でありましても、練習のお陰で、二十頁を三十分位で片付けることは何でも無いのであります。假りに二十頁を三十分で讀むとすれば、二百頁は五時間でよいし、三百頁は七時間乃至八時間で濟みます。だから一日かゝつて三百頁の書物を讀むのは何でもないのであります。時々外國語學校に西洋の人が參觀に來ることがありますが、その課業を見て、今日は二十五頁の課業がある、それをどれだけの間に讀むかといふから、大抵二十分から四十分で讀むといふと、驚いて、それは私すらも讀めないといひます。それはその筈です。發音して行くのでなく、簡單な讀み方をして居るからです。

この方法によつてやれば第一知識を增す。普通の人の七倍八倍の知識を增す。非常なものであります。その割合に私の知識は一向增しませんが、勉强してやる人ならば必ず增す譯です。それからこの方法をやると精神集注の練習が出來る。これは語學以外に非常に利益なことです。すべて精神を集注することの出來る人と出來ない人とは、一生の間に非常な損德があります。これについては委しく申す必要もありませんし、時間もありませんからこれまでにして置きます。それからまたこれは非常に愉快な方法であります。書物を少し宛讀んで行く位面白くないことはありません。いくら面白い書物でも敎科書とすると面白くないといふのが世の中一般の原則であります。なぜといふに、それは少しづゝ讀むからである。先生の敎へ方の如何にもよりますが、敎科書として面白くないのは、僅かづゝしか讀まないから面白くないのです。いくら面白い內容の演說でも、餘りゆつくりやられると聽く人に詰らない。それと同じやうに一ッの書物を少しづゝ讀んだのでは面白くない。所が今言ふやうに早く讀むならば全體が解つて實に面白い。面白いからだん〳〵書物を讀むやうになります。世の中には隨分學校で英語のために骨を折つてゐながら、さて社會に出ると英語を利用することが出來ないために之を忘れてしまう人が幾何もある。相當の大學を出て居る人でも、學校を出てから殆んど英語の書物を讀まないのでもう忘れてしまつたといふ人が隨分ある。これは日本ばかりではありません。外國でも學校で學習した外國語を忘れる人は隨分澤山あります。しかしいまお話したやうな方法によりますと、假令ば Scott スコットの小説なり、Dickens（ジッケンス）の小説なり。それを始から終まですつかり讀んでしまう、實に愉快です。Thackeray（サッカレ）などの小説も隨分長いもので、教科書としては到底使えないやうでありますが、あれを私共學校では、フアストリーディングで一週に一時間づゝやつて一學年に讀んでしまひます。夫故毎日二三時間ゝづ讀めば十日前後で終ることになります。非常に面白くて愉快である。さういふ小説でなくとも諸君が世の中にお出になつて、假令ば銀行家におなりになるとすると、銀行のことについていろ〳〵な參考書がある。またその外如何なる業務に御つきになるにしても、その業務に關して本當に讀まなければならぬ書物が澤山あります。また西洋の新聞雜誌に御自分の業務に關する必要な記事が澤山出て來ます。そのいろ〳〵な狀況、いろ〳〵な方面の論說、それを始めから終りまでずッと讀んでしまう、これは愉快なだけでなくして必要のことであります。そこで次から次へと澤山の書物を讀むことになる。澤山讀めば、英語は段々と容易しくなつて、諸君は英語を讀んで居るのか日本語を讀んで居るのか何だか分らないといふやうな所にまで達して來ます。

そこで、實は時間があつたならば皆樣とこゝで實地の練習をして見たらよいと思ふのでありますが、迚もそんな時間が無いのでありますから、諸君はこの講習が濟んでから後に、或は地方に出掛けて山野を跋涉するなり、海濱に行つて靜養をなさるなり、或は書齋に籠る方もありませうが、とにかくさういふときに一ッ實際に始めて御覽になるがいゝと思ふ。そのお始めになるに當つて用ゆる書物は、無論諸君の學力によつていろ〳〵ありますけれども、まづ第一にお勸めするのはThe Arabian Nights' Entertainments（アラビヤンナイト、）これは非常に適當な書物だと思ひます。話がなか〳〵面白い。想像が豐富である。そしても一ツいゝことは、斯ういふ書物は英米のみならず歐羅巴各國の人が皆讀んで居る。讀んで居るからにはこれが屢々色々の文學の中に入つて來る。例へて言ふとSindbad the Sailor の話、Aladdin の話、Ali Baba and the Forty Robbers の話など、あゝいふ話は屢々種々の本の中に出て來ますが、それはアラビヤンナイトを讀んで置かなければ解らないのであります。何しろ總ての人が讀んで居る話は、どういふところで文學の中に又は普通の話の中にも現はれるか知れません。ですから今更らアラビヤンナイトを讀むのは馬鹿らしいやうであつても、讀んで置く必要がありま す。色々な書物の中に、また西洋人との會話のうちに、それが出て來たとき、その話を知つてゐなければ何が何やらさつぱり分らないといふことになる。それか

ら Æsop's Fables（イソップ物語）なども、諸君がもしお讀みになつてゐなければ、必ず一讀さるゝことを望みます。あの書物なども日本にも隨分譯されて居りますが外國でもそれ〴〵譯されて居つて、矢張りいろ〳〵の文學の中に出て來ます。諸君はイソップ物語など馬鹿らしいといつて馬鹿にして居らつしやるかも知れないが、諸君のうちにあの話を皆讀んで居られる方がありましようか、ツイこの間のことでありました。Macaulay（マコーレー）の Milton（ミルトン）傳を讀んだところが、あの中に斯ういふことが申してあります。それはマコーレーが Puritans ピユタンズを非常に辯護して、歴史とピユリタンズとの關係を述べて居る所で、ピユリタンズが文學といふものはいけないものであるといつて非常に之を抑へつけた、すると文學はピユリタンズに返報返しをして、ピユリタンズが殪れたときはピユリタンズの惡口を言つた、即ち歴史家が筆を採つてピユリタンズを惡しざまに書き立てたといふのであります。そこをマコーレーがこれは、昔の物語にある獅子の抗議と同じ抗議をピユリタンズがなすべき位置に立つて居ると書いて居ります。で私は生徒に向つて、その獅子の物話といふのは何であるかと訊いた。けれども五十人のうちで返答する生徒が一人も無かつた。諸君はイソツプ物語を子供の話だと思つておいでになるかも知れませんが、さうではありませぬ。今の話などはイソツプにある話であります。それを知らなければ調べようと思つても調べやうがないので、遂に誰かの所へ行つて斯ういふことが書いてありますがどんな話でせうと訊かなければならん。それも諸君は今學生であるから、先生のところへ行つて訊くのも平氣でせうが、これから何か立派な地位を得て、或は地方にでも行つたときさういふ話が出たらどうしますか。どうも分らないといつて頭を搔くより外に仕方がありません。だから諸君はこのやうな書物を一讀されんことを希望するのです。そこで今の話はどういふのかといふと、イソツプに獅子と人間とが一緒に歩いて居りましたところが、そこに立派な繪がある。その繪を見ると人間が獅子を殺して居る繪である。　人間が獅子に向つて言ふのに、どうだ人間が獅子を殺して居る、人間は偉いものだらう。すると獅子が答へて言ふのに、それは人間が書いた繪であるから人間が獅子を殺して居るのだ、獅子が書いた繪なら獅子が人間を殺して居る繪を書くでせう、と言つたといふ話である。つまりピユリタンスが文學者を非常に苦しめたから、文學者が歷史を書いてピユータンスを惡しざまに言つた。ピユリタンズが歷史を書いたら必ずピユタンズを賞賛して居るに違ひないといふので、我々知つて居れば何でもないことでありますけれども、そうでないと何の事やら分らないのであります。さういふ風に書物の中に往々出て來る。それから次には Robinson Crusoe（ロビンソンクルーソー。）これも非常に名高い書物で、そして面白い書物であります、讀んで置く必要があります。もう一つは、これも歐米の人は皆知つて居て、子供も知つて居れば大人も知つて居る、皆知つて居るから向ふの人の平生の話によく出て來る Gulliver（ガリバー）漂浪記これも大切なもので、日本譯も澤山ありますが、英語でお讀みになれば諸君の勉强にもなるし、ファストリーディングの練習にもなる。さういふ風に面白い書物をファストリーディングでやりますと、一擧兩得であるばかりでなく三得四得にもなります。もう一歩進んで Shakespeare（セキスピア）のものなども非常に大切で、特に Lamb（ラム）の Tales（テールズ）など、なか〳〵やさしく面白く書いてありますし、この芝居といふやうなものも、平生の話には無論のこと文章の中にも屢々出て來ます。その他には例へば Bible Stories（バイブルストリーズ）のやうなものも必要で、これは宗教の話としても、また英語としても大切なものである。バイブルの中の話は宗教に關係のないときでも屢〻引用される、これは總ての人が讀んで置くべきものだと思ひます。また希臘羅馬の昔物語も讀んで貰いたいものです。斯ういふやうなものは隨分各方面に書物が出て居つて、日本にも來て居ります。ですからさういふ書物も讀んで置く必要があります。それが濟んだら Dickens デツケンスの小説もよろしいし、Thackeray サツカレーの小說もよろしい、そして近代の小說でもよろしい。それをずつと內容を讀んで行く。細かい文法とかイデオムとかいふものは、まづ暫くさし置いて、どん／＼興にまかせて讀んで行くやうにして戴きたい。さうして諸君がだん／＼慣れてお出でになると、これ位愉快なことはないのみならず、英語を學習される結果が益〻顯著になつてまいります。今年の夏一つ試みて御覽になつたら如何でせう。私は是非これをお勸め致したいと存じます。長らく御靜聽を煩はしまして感謝いたします。

英語學修の一注意

熊本謙二郎

英語學修の一注意

唯今のやうな御紹介では大變面映く壇に上りかねる譯ですが、今日は何か御話をすると云ふ約束で御座いますから暫く清聽を汚がしませう。私も諸君と同じく英語を學んで居る者であるが、唯其間一日の長があるといふだけで、或は諸君の學修の役に立つことを言ふことが出來るかも知れませぬ。賴山陽を天才だと言つた者に對して彼は自分を天才だと言ふのは間違である、自分は唯刻苦した者である、勉強した者である、と言つたさうです。天才の眞似は出來ませぬが、刻苦した人の跡は追ふことが出來ます。私も諸君に較らべると少しは餘計骨を折つて居るところもありましやう、其苦勞した者が自分の經驗から話をするのだと思つて聽いて戴きたい。

英語を學ぶ、英語を學ぶといふが、その學ぶといふのより先づ第一に敎へるといふ方に十分な設備があるかと云ふと、それは殘念ながら今日の場合十分な設備が無いのであります。苟も一つの外國語を學ばしめるのであるのに、一つの敎場に五十人も詰込んで會話を敎へる、作文を敎へると云ふやうな事では、決して英語を敎へる本當の方法設備を盡して居るとは云へない、あんな事で英語の會話讀方作文などが滿足に覺えられるものではない。たゞさへ習ひにくい事を敎へる所の設備が十分に整つて居らないで習はふといふのであるから、習ふと云ふ方法に就ては學生の方で餘程自分で工夫しなければ駄目である。これを食物にたとへて見れば、滋養價が乏しい、或は料理が出來て居らぬ食物の中から營養を取れと云つたやうな行り方なのであるから、喰べる方で餘程工夫して喰べないといけない。私は少し過激かは知らぬが、我々親父の代の者があなた方小供の代に今與へて居る敎育なる食物は、決して十分なものではない。それは外にしなければならない仕事が澤山あり、費用に堪へぬからでもあるが、不完全な設備の下に今諸君に教へて居る英語も本當の英語とは云へぬ、實は英語に似たものを教へて居ると云はれても仕方がないのである、其中からあなた方は本當の英語を吸收しなければならぬのであつて、隨分むづかしい注文ではあるが併し其方法が一ッある。例へば飯が生煮えであるからと云つて食べずに餓死する譯に行かぬのと同じで、生煮えを補ふ爲には十分に咬むと云ふ事を怠つてはいけないだらう、生煮えであるものは自分の齒で十分に咬み碎いて、さうして唾液を十分に混ぜて胃に送つてやらなければならぬ。子が母から言葉を習ふのは生徒一人に教師が一人附いてゐるのである、しかも起きるとから寢るまで教師が附ききつてゐるのである。それに五十人の生徒に一人の教師で、學校に於ける僅かの時間だけで外國語を覺へろといふ。これは生煮えどころか生ま米を咬んで營養を取れといつたやうな行り方である。併し今日の場合外に食ふものがないとすれば、それも不承して生きて行かねならぬとすれば、自分の與へられたものに對し自分がウンと骨を折つて咬んで砕いて之を自分の滋養たらしむる外はない。教場で教はつた所を復習、又復習、一度や二度で足れりとせず、三度も四度も、五度も十度も行つて、其の物が全く我が物となるやうにすべきではあるまいか、と云ふと諸君は、そんな分り切つた事を聽く爲に態々こんな暑い日に、殊に日曜日に、此處に來たのではないと云はれるか知らぬけれども、實の所それより外に方法はありはしない。昔埃及の王樣がユークリッドに幾何學を習つてゐたが、餘り難しいからもつと容易すく習ふ方法はないかと尋ねたら、ユークリッドは There is no royal road to learning. 學問には容易すく歩いて行けるなどござりませぬとお答したと云ふことである、是は何千年か昔の事であるが、今でも學問といふものは何學科でも容易すく出來るものではない、殊に自日本人が英語を學ぶと云ふ場合、周圍の狀態卽ち寰境が不便極るものばかりであるから、自分で以て非常に骨を折るより他に方法は無い。

先づ此周圍の狀態が非常に惡るいと云ふ事に就て少し述べて見たいと思ふ。獨逸人なり佛蘭西人なりが英語を習ふと云ふ場合を考へて見る。彼等は英語を少しも習はないうちから既に英語の半分は居るのである。何故さうであるかと云ふと、英語の words は綴り方こそ多少違つてゐても、大きく云へば半分は獨逸語又は佛蘭西語のと同じである、これが第一、それから文法 sentence の構造が能く似て居る。これが第二、それからも一つ大切なことは、第一及第二は形態上の相似であるが、これの外に「考へ方」まで相似て居るといふことで、是が語學上非常な便利である。ところで吾々日本人が英語を學ぶ場合には、words が悉く違つて居るし、文法、センテンスのストラクチユアが違ふし、考へ方も違ふ、斯う云う譯で色々の困難を潜ぐつて行かなければならぬから非常に骨を折ると云ふことはどうしても覺悟してかゝらなければならぬ、それを容易する出來る事のやうに思つて英語をお習ひになるのならば、寧ろ初めから止めてしまつた方が宜ろしい。吾々日本人に取つて英語がどの位面倒なものかと云ふ事を少し具體的に云つて見やう。例へば英語には無い關係代名詞と云ふものがある、英語の前置詞は日本語では後置詞になつて居る、英語では動詞は subject の次に附いて居るのが、日本語では一番後ろに行くのが順序である、さう云ふことになつて居るだから、たとへ英語の語句を覺へたからと云つて文章が樂に綴れるといふ譯には行かぬので、英文を綴るについては吾々は始終逆か立ち鯱鋒立ちの態度を學ばねばならぬ、其處で其鯱鋒立ちが出來て頭痛もせぬやうに馴れると云ふにはどうしなければならぬかと言つたら、私は暗誦と云ふこと以外には出來ないと答へたい。此暗誦の勞を執るのが嫌やだつたら英語を行らない方が宜い。尤も暗誦と云つても諸君の程度に進んだ人達が何も讀んだもの習つたものを何んでも彼でも初めから仕舞まで暗誦しなければならぬことはない、初學の人は習ふ程の事々は盡く暗誦することが必要であるけれど、諸君のやうになつたら、新しい sentence structure や新しい思想に出會つたらそれだけを暗誦すると云ふ事にしたら宜いと思ふ。先刻も英語は日本語と思想の方法が違ふと云ふことを言ひましたが其について一二例を擧げやう、よく入學試驗などにその類例がある The whale is no more a fish than the tiger is. といふ様な考へ方は「虎が魚であると同じ丈鯨は魚であるので」、而して虎は zero だけ魚である。(換言すれば虎は魚でない)、すれば鯨も zero だけ魚である(換言すれば魚でない)、斯ういふ考へ方は日本人の考へ方と違つてゐる。I have no books to read と云ふのでも、私は書物を zero 冊(零冊)持つて居ると云ふことなんである、零冊持つて居るのだから一冊も無いと云ふことになるのだ。覺えてから後、慣れた後は何でもない事のやうだが、さう言つたやうな考へ方、言ひ表はし方が無數にあるのだから、それを一々暗誦して我物とするのが大きな仕事である。大きな仕事ではあるが夫れを避けてゐては物に成らぬ、だから暗誦をするのである、たゞに暗誦するばかりでなく何か之に似た例を英語で言つて見ることにする。例へば「蝙蝠の鳥に非ざること猶ほ栗鼠の鳥に非ざる如し」、「蛙の魚に非ざること猶ほ鯨の魚に非ざるが如し」などを自分で案出して之を英文に譯して置く、斯くすれば其思想方及構文に熟れるといふことになつて、其れが我が物になり切るのである。上に述べたやうに新しい物に接して、是は從來出くわさなかつた事だと思つたら凡て之を自分のものにするべきである。知らなかつたことが自分のものになるには二つ程度がある、例へば單語を覺えるにしても snow は雪であるといふことを覺えても、それだけではまだ全然我が物になつてはゐないので、「雪」と言はうとする時に snow が直ちに現はれるやうになつて始て我が物になつたのだと言へるのである。英語の snow に出逢ふとき「雪」と解し得るのは、單に之を recognize し得るのであつて、雪のことを英語で言はふと欲するとき早速 snow と言ひ得る卽ち reproduce し得る、倘換言すれば恰も掌中の物の如く卽座に使用し得るに至らねばならぬのである。諸君の頭の中に日々印刷されつゝある英和字書の語數が殖へるばかりでなく、和英字書の方の語數が大に殖えるのでなければならぬのである。レコクナイズすることが出來なげればならぬ、英語を學ぶ人の心得が英語を recognize するといふ程度に止まつてゐるのではなからうか、若しさう心得てゐるのならばそれは理想が低いのであつて、十分の效果は收められぬ、吾々は必ずや英語を reproduce し得る程度に至らねばならぬと、理想を高くしてかゝらねばならぬと思ふ。英語を master するといふことを能く云ふが master は名詞ならば「主人」で動詞ならば主人が奴婢を使ふやうに自分の爲に用事をさせると云ふことである。昔毛利元就の家來が元就の爲めに嚴島へお詣りをして呉れた、元就がお前は何を祈つて來たかと云ふと、あなたがどうぞ安藝一國の大名に成るやうにと私は祈つて參りました、さうすると元就がそれは有りがたいが願掛けがそんなに小さくてはいけない、天下の主人になると云ふ位に祈つて或は山陽一道の主人になれやう、山陽道の主人と云つたら或は安藝一國の主人に成れやう、安藝一國なんぞとそんな小さな願をしたら一郡の主にも成れないかも知れぬと言つたといふことですが、我が英語を學ぶについても理想を高くしやうではありませぬか。何んでも新しいことがあつたらそれを直ぐ自分のものにする爲めに、先き程御話したやうにこれを自分で reproduce し得る程度まで進めることにしやうぢやありませぬか、

私は大變碁が好きである、碁の定石と云ふものがありまして其定石を先生から敎はる或は本に書いてあるのを見て習ふ、所が定石は碁磐の一隅だけで習ふ、これはどの隅でも方向が違ふだけのことで外は一切同じことでであるから一隅だけの例を示して敎へる、そこで、習ふ者は他の三隅に於ても唯方向が變るだけで形勢は同じだなど丶言つて不精して石を置いてやつて見ないならば、戰爭が適ま自分の習つた隅で起らないで他の隅で起つた時は見當が違つてやり損ひをする。先生が英語を敎へるのだつて同じことで、例へば先刻の The whale is no more a fish…… だつて他に幾つも幾つも生徒に類例を作らせて皆が熟する迄はやれるのであるから、一つ習つたら後は自分で努めて應用をやつて置くやうに心得る者と、定石の一隅だけで不精するものとでは大なる造詣の差を生ずる譯ではありませぬか。たとへ一遍でも宜い、日本語の方から英語の方へ向ふやうにすればそれだけreproduction の働きがついて居る譯であるから、其物が我がポケット中の物となつて來る、諸君は是非それをやる覺悟でなければならぬ、簡單に言へば盛に暗誦をして逆か立ちの姿勢になれて頭痛を感じぬやうにならなければならぬ。人の逆か立ちするのを見て、あれは斯く斯くすれば出來る譯だと言ふに止まらず、自分から進んで逆か立ちをやつて見るのでなければならぬ。理想は英語を recognize するに止めず reproduce し得るに至るを期すのでなければならぬ。

私は始め英語教授の設備や方法の不完全に就て申しましたが、私も英語の教師である、英語の爲めにこんなに時間を多く費やし、そして生徒もあんなに勉強して居て、しかも英語が出來ない、もつと良い敎へ方がありさうなものだと思ふ。それは我々の至らぬ所も澤山あらうけれど、試みにピヤノを習ふ人を御覧なさい、先生の前で二十分か三十分習つて家に歸つてからどうしてゐます、家へ歸つたら先生の所で習つただけをこの次の週間に行つて先生の前で能くやれるやうに、何十回もそれを練習するでせう、さうして愈々先生の前でやつて見ると、其處がまだいけないとか此所が不十分だとかうんと小言を言はれて、隨分音樂の先生などは英語の先生より餘程嚴重である、英語の先生の方がまだ餘程やかましくない。所が英語も矢張一つの music でないか。發音も pause も emphasis も modulation も皆嚴重にやらなければならぬ、少々の復習では能く出來ぬ筈である、それをピヤノの半分もやる者が有るであらうか、私の前にリーデングのお話があつたやうだけれども、多くの生徒はリーデングといふものは單に申譯け的に、譯の前に、云はゞ露拂ひ的にやるものであつて、どうでも宜いものゝやうに取扱つて居る、それも英語は recognize すれば宜いもの、reproduce するまでには行らずとも宜いといふ樣な考から出て來るものであらう。reading に關聯した事で高等高校の入學試驗に必要なのはアクセントの符號の附け場所、それに少し dictation に關係があるばかりで、reading などに力瘤を出して熊本が何を言ふかと云ふ風に皆さんは思つて居られるか知らぬけれども、それを行らなければ本當の英語は分らないのです。吉岡先生が fast reading に就てどう云ふことを仰しやつたか知りませぬが、矢張讀方を疎かにすることの宜しくないことを仰しやつたのではないかと思ふ。それで村田先生なども直讀直解のことを喧しく言はれる。僕等も驥尾に附して隨分昔から同じことを言つて居る、浦口君などもグループメソッドと云ふて、譯を附けるのに原文の順序に上から下へと譯することにしないと飛んでもない間違を生じ、其間違つたものを本當の意味だと思ひ誤つて居ることを頻に唱へて居られる。要するに譯は原文の意味を取る助けに用ふるもので、原文本當の意味は原文を

reading をして感ずると云ふ習慣を作るのが肝要である。原文を read しながら一語、一句進み行く儘に我が心に之を visualize して感得したるものが其本當の意味と分るやうになる習慣が得たいものである。讀むだけのことが心の目にはつきりと現はれて見えるまで讀みかへし讀みかへし、遂には暗誦するといふではなくて自然暗誦が出來て居るやうなのが、英語の本當の學修法である。設備が不完全であつても、敎師が不親切であつても、上の樣な方法を常に取つて居れば自分の口で自分の耳に聽かしてやることにもなる譯で、今日の場合これより外に仕方は無いのである。中學校に居つた時英語會で recitation なり dialogue なり行らされて出た人が急に英語の力が進んで來る、俺は嫌やだとか何んとか言つても無理に行らされるものだから兎に角暗誦して、さうして多勢の人の前で恥を掻かないやうに一生懸命にやる、それが普通敎場の授業に何十倍して効能があるのであるから力も進む譯である。

或る西洋人が私に斯う云ふ事を言ふた、君等は英語の教授法とか何んとか喧ましく言つて斯うしたら良からう、あゝしたら良からうと言つて居るけれども、根本的にあなた方は英語の行り方が間違つて居る。そこで私はそれはどう云ふ譯だと言つた所が、其人は、僕等は日本に來て日本語を習ふのに、或る程度迄本讀みをやつたらそれから先は本ばかり讀むと云ふ事をしない。私は日本語で斯う云ふことが言ひ度いと思ふが日本語でどう言ひますかと日本語の先生に聞く、さうしてそれを敎へて貰つたらそれを暗誦して口早く言へるやうになるまで行ふ。これを覺へてそれと同じやうな類文を作つて見る、さうして先生になほして貰つて早く言へるまでに覺へ込んで終ふ、こちらの欲しい語句文章を進んで取るので、一生の中に使はなくて濟むやうな文句のある本を讀まされて默つて居るのとは行り方が違ふと、斯う其西洋人が話されたのであります。私は是は實に味ふべき注意であると思ふ。諸君が英語を覺へやうと云ふのにも此西洋人が日本語を學ぶ行り方から大に學ぶ所があつて欲しい。今日諸君の學校に於ける情態は、必ずしも自分の好まざる本から、必ずしも自分の要せざる材料を敎へられるのだから、それは事情止むを得ないとしても、それを習ふ際に、自分が斯う云ふことを英語で言つて見やうとか、斯う云ふことを英語で書いて見やうとか、斯う云ふことを英語にするのはどうだらうかと云ふ風に、自分から進んで取ると云ふ態度を失はぬやうに、心掛けると云ふことが一ッの大切なる方法ではあるまいかと私は思ふ。敎授時間が乏しものだから何んでも注入的に先生は敎へて終ふ。本當は文法書から學ぶ事もあんなに注入的にせずに生徒が歸納的に rule を發見するやうにしたいのである。何分時間が乏しいとか其他色々の事情から何も彼も先生の方から、敎へてしまふのであるが、それにしても生徒の方で前に言つた進取的態度を保ち其内に文法の諸法則を敎はるやうであつたならば、餘程效果が多からうと思はれるのである、自分の言ひたい事を成るべく多く英語に作つて、其れを先生に見て貰つて直して貰ふ其内に文法の事を敎はる其の敎が本當に滋養になるのである。文法の諸語句の意味だらうが、規則だらうが自分が習つたものを能く呑込み、應用することを心掛け、どこ迄も例の進取的態度を取ることにすべきである。單に recognize するだけでは足らないので、凡てを reproduce することの出來るやうにと云ふ態度を取るべきである。私は何でも暗誦をなさい、意味を翫味しつゝ reading をなさいと言ひましたが、其の暗誦といふ事は一々やる時間が無いと云ふのならば、夫れでは、露拂ひ的義理的でないリーデングを盛んにやるが宜しい、何處で句切るとか、何處に力を入れるとか、或は終ひのインフレクションをどうすべきであるかと云ふやうなことに注意して、スラ〳〵と讀めるやうになるまで、口も、耳も、自分で敎育するが宜しい。本當ならば蓄音機でも買つて置いてレコードと一緒に喋らなければいけない、其位にすべきものであるのであるが、それが出來ないと云ふのならば彼のピアノの稽古をする人のする樣に、せめて本に書いてある物を引ッ掛らずに讀めるだけの練習はすべきではあるまいか。文法の事だつても理屈だけ覺えたのみでは役には立たない。不文法的な事を聞いたら自分の耳がそれを咎める位に耳を敎育してやらねばならぬのである。文法の講釋だけ分つても鯱鋒立ちは出來ないのである。

今迄我々は一つの大きな事を忘れて居りました、それは time と云ふ物を考への中に入れてなかつたことだと思ふ。何か試驗をするに就ても、一時間なり二時間なり時間を制限して答案を作らせる。甲の人は三十分で答案を書いて出した、乙の人は一時間たつてやつと答案を書いて出した、調べて見ると甲乙同じ成績であつたとする、さうした場合、甲乙同じ點數を與へるのが常であるが、これが間違ひで、甲は乙より成績が良いとすべきものである。乙が一時間掛つて漸く出來たものを甲は三十分で同じものが出來たのであるから、甲の方が遙に成績が良いのではないか。どうせ一時間なり二時間なりを與へられた敎場とは違ふ世の中に出たら實際甲乙の仕事の分量が大に違ふ譯であらう。其タイムと云ふことを我々は考の中に置いて居らなければならない、本を讀むとしても、忙しい世の中に出てタイムの勘定なしにダラ〳〵本を讀んで居つたら役に立たぬではないか。ひつくり返つて譯をして漸く意味が取れる、夫れも往々間違つた意味を取るといふ樣な事では、案じられたものである。ファストリーデングでドシ〳〵讀んで、さうして意味が分るやうな風にならなければならぬ。それには常に暗誦をしつけて置くが宜しい、さうすれば早く且つ本當に本が讀めるやうになれる、又物も相當に言へるやうになれるのである。英語は我々には新しい言葉であり、又文章の構造から言つても非常な違ひがある、考へ方にした所が彼我大に違ふので、我々の頭が成るべく早く英語的になるやうにしなければならぬ。「今朝一番先に此室にはいつた人」といふのを The person who entered this room first this morning とは云はないで the first person who entered this room this morning といふなどに對しても the first person who と聞いただけで早くも first が「第一の」でなく「第一に」とやうに頭に響くやうにならねば本を讀んでも捗が行かず、又英語を話すにしても本當の事は出來ない。それが出來るのは暗誦なり fast reading なりで逆か立ち流に慣れるやうにする外はないのである。暗誦なり再三再四の reading なりをやれば、勢ひ文中の光景を visualize せずには居れぬ、此 visualize するといふことが必要なので、そして覺えたことは reproduce するに容易である。例へば單語に就ても snow ば雪だと覺えるに止めず、目を塞いで雪を心眼に見(visualize して)、これが snow だと言つて覺える、讀む本にはいけない子の事が書いてある、それを naughty boy と云つてあるとする、自分の兄弟なり親類なりに同じやうな子供を心眼に映じさせてアイツ naughty boy だと云つて naughty を覺えるといふ風に、凡て英語から日本語へ、音の又は字形の媒ばかりで移すに止めず、一々其物を visualize して覺えて置く、さうすると其語句を reproduce するのが容易に出來る筈であり、又實際さうなのである。 Many a mile did I trudge in the snow と云ふ樣な文に對して many a とあれば勢を强める言ひ方だ位にして覺えたのでは本當に意味が分つてゐないのであり、無論 reproduce することが不可能である。そこで之を visualize して見る。私が雪中を旅したところが邊りに家が見えぬ、一哩行つてもうどこか、宿屋でもあるか、或は百姓家でもあるか見るが無い、又一哩も行つて見るけれどもまだ無い、又一哩又一哩とあるく其光景を想像に畫いて見て Many a time did I trudge in the snow と云つて置く、さうすれば many miles と云ふよりは many a mile といふべき心持がよく感じられて、此句は忘れやうとしても忘れられたものではなく、類文を作るときにも早速 reproduce し得られることになるのである。英語で書いたものを讀むと何んだか薄ぼんやりとしか感じられぬさ、斯う多くの人が言ふけれども、それは讀む物を visualize する習慣が養はれてゐないからである。

暗誦が出來ると云ふ位まで讀んで、さうして十分 visualize する、同じものを何遍も讀むと云ふことは嫌だと云ふ、それは止さなくてはいけぬ。もつと先へ行つたら變つた知識を得る爲めに難かしいものを讀む、それをするには苦勞をしなければならぬ、其苦勞を辭さないで習つた事は何遍でも復習する、リーデングは意味さへ分つたら宜いからやらなくても宜いなどゝ思はず暗誦する。人の名をさして言つて宜しくないか知らないが、佐川春水君が高等師範の學生であつた時分、何んでも敎場で口の中でブツ〳〵やつて居る、これは新しい語句文章に接した時卽坐に暗誦をしたものらしい、それから新渡戸稻造先生も、何か新しい words や phrases かあつたら、何でも彼でもそれを會話か作文の中に使はなければ承知されなかつたといふことである、是は活きた宜い手本である、熊本がたゞ空論を吐くものではない。

語學研究漫言

森　卷　吉

語學研究漫言

今岡田先生から御紹介になつた者ですが、御紹介の言葉によりますと大變偉い人のやうであります。そんなに偉い人ではない。で是から喋る所を聽いて居ると幻滅の悲哀を必ず御感じになるに違いない。何と自分が反證をしても事實が之を語るのでありますから、何も其點に付ては言はずに着々本題に這入ることにします。

今も御話になりました通り、私は昨夜晩く東京へ這入つたので、其間夏休の今まで關西から中國と浪々の旅を續けまして一寸鎌倉に家族が行つて居るので久方振りに顔見せに立寄り、今日此出演の爲昨夕晩く戻つたやうな次第で、實は甚だ草臥れて居るのでありますが、違約をすると學校當局の顔が立ちませぬのみならず、自分としての一分が相立たぬので兎も角も罷出ることに致したのであります。

此浪々の夏の旅の間、田舍の津々浦々を見て囘りまするとちよい〳〵と日向の中で暑苦しく立て居る立看板を見たのであります。曰く夏期何々講習會、曰く何、曰く何。それを見た時に私は一種の悲哀に打たれたのであります。悲哀と云ふ言葉は語弊があるかも知れませぬが、一種の氣の毒さを感じたのであります。と云ふのは、聽講の方々に對して此夏空に釜中の魚の如くに、四本柱の中に這入込んで頑張つて居ると云ふことは如何に苦しいことであらうか、洵に氣の毒なことぢやと斯う云ふ悲哀であります。同時に講師先生方もさぞや苦しいことでござらうわい。斯う云ふ兩方に對する公平な悲哀を感じたのであります。で此悲哀は何處から來るかと云ふと、申上げるまでもない。夏と云ふものはそんなに六ケしく鯱張つて居る時期ぢやない。本來は――通俗的に月並に言へば、現に私は去年などと言ふと如何にも誇稱するやうですが、英吉利に居りました時に、夏休の前に教育に關する或る一種の雜誌を見た時に、洒落た文章で夏休と云ふものに付き、學生の如何に隨喜の涙を此夏休に注いで居るかと云ふことを書いてある文章を頭にインプレッスされて居るので、其立看板を見た時に直ぐそれを見出したのであります。と云ふのは、The last few days at school are deliriously exciting……と云ふ風に書出して、まあ夏休に這入る最後の數日と云ふものは、夢見る心地の、心悸めくことなりと云ふ、非常な興奮を感ずる、手にものが就かないと云ふ、有頂天な時であると云ふことから初めて、見よあの憎らしい代數の問題――矢張向ふでも代數は嫌やと見える。――毛色や眼色は變つて居ても人情は同じこと矢張代數は嫌やと見へる。又一面に於ては distressing なヒストリークエスチヨンとも書いてある。もう實に息が詰るやうな嫌やな歷史の問題、然る物を一切離れて、唯、未來に於て心悸く、洵に嬉しい所のエキスペクテーション或はスプレンデツド、ポシビリチースなどが待構へて居る時であると書いてある。詰りローマンスの世界であります。夢の世界……さう云ふ夢の世界に、久しい間代數や何かに苦しめられて居る學生等が這入つて、此實世界を離れ超越した天地に移らうと云ふのだから、それは夢中になる譯である。さう云ふ尊い時を犧牲に供して、此四本柱の中に立籠ると云ふことは、常識判斷の上からどうしても氣の毒なことであります。悲哀でありますと同時に一種の壯烈さを感じたものでありますといふことは時間がありませぬから簡單に述べますが、最近に私が手にした倫敦のサンデータイムズの中に、牛津のビショップが斯う云ふことを言うて居る。將來に於ける國民的大問題は、要するに其民族がその暇な時を如何に智的活用をするかといふことにありと言つて居るのであります。將來の問題の――餘程大事な問題の一つは、其國民が有する所のレヂュアと云ふものを知識的に用ゆるかどうかと云ふことに依つて存する。それで其國民の將來をトすることが出來るといふのです。一寸大抵のことは外國人だつて負けないのですが、斯う云ふやうなことを言ふと癪にさわるけれども感心せざるを得ないのであります。平凡な事實であるけれども眞理は常に新しい。言ひ方が變つて居るだけでありますけれども、さう云ふことをビショップと云ふやうな者が本當に痛感して居ると云ふ事を羨ましく感ずるのであります。其意味に於て、諸君のやうな、所謂講習會に列して、自ら甘んじて釜中の魚とならんとする努力は、國家の前途を多望ならしめる爲にする犧牲的精神の發露で、いはゞ一種の佐倉宗五郎であると云ふことを思ふ時に其處に壯烈味を感じない譯に行かない。斯ういふ悲哀、斯ういふ壯烈味が一團となつて、丁度一種の大なる自然に接するが如く偉大感を私の頭に懷かせるのであります。兎に角此夏空に向つて諸君が多大の犧牲を拂はるゝに對しては、大なるさう云ふ精神的の意義が存在して居るのである。加ふるに諸君自らが此機會に於て修得せらるゝ所の智的方面の蘊蓄と云ふものが纏まつて得られると云ふことは、是亦祝賀せざるを得ない。殊に此度開かれて居ります村井岡田兩先生の如き、是は斯界の達人でありますす。斯る先生の下に親しく親炙せられると云ふことは、是が事實問題として尊い體驗であり、立派な時間的經濟であると云ふことを考へて、今度は悲哀に打勝つ喜びを感じさせられるのであります。先づ本校の此夏期講習會に對する拙者の感想は以上の如しであります。

所で廣告にも書いてあります通り、我輩等に課せられて居る問題は How learnto English 英語はどうして學んだら宜いかと云ふ問題、六ケしく言へば如何にして英語を學ぶべきやと云ふ問題であります。既に宣傳ビラにも書いてあります通り、斯界――英學界に於ける巨星が數多此處に立たれて、繰返し繰返し、其如何に英語を學ぶべきやと云ふ課題を解決せられたと思ふ。幸に我輩は巨星ではない。御覧の通り五尺何寸と言はれぬ人間であります。頗る小星であります。之を巨星の中に編込んだのは當局と言ひますか、樂屋の方のイリユウジヨンであります。尤も一寸の蟲にも五分の魂と言ふ通り、魂だけはちよいと持ち合はせて居るものに此小さい男が而もどんじりに控へさせられて、――イヤどんじりではないもう一人控へて居られるのでありますが、——其處へ控へて居ると云ふことは洵に運が惡い。併し是は私の勝手で最後の日が都合が宜いので、さう御願をしたのであります。最後に出ると云ふことは、諸君の方から痛切の同情があれば直ぐ分る通り、どうしても前に言つた人のことを繰返して言ふと云ふ心配がある。損があります。利害の問題損益の物差しで考へると。併し何とも致し方がない。損を損と心得て正直に引受けたのでありますから。男らしく利害の打算を離れて是から愈々本題に入りませう。

此問題は、如何に英語を學んだら、一番宜いか、斯う云ふ問題はえらい六ケしく考へると手數の掛ることのやうに見えまするが、それは專門的に、所謂巨星の面々の解釋などゝ云ふと骨の折れる六ケしいことになるかも知れませぬ。英語と現に言つた所で、英語にも色々あるので、古代英語、中世英語、近代英語とある。又別の區別を言ふと、やれセクスピヤの英語、やれスコットの英語などと云ふ、それ〴〵研究しますと非常に是は手數の掛る問題なのであります。殊に此頃の英語と云ふやうなことになりますと、堪らない骨の折れる研究項目であります。詰りプラクチカルイングリッシユ、リテラリーイングリッツユ、といふ様に細別して、研究方法如何と云ふ膝詰談判になると、是は容易ならざる難題でありますが、たつた一時間位しか時間が與へられて居ない私には、それは出來ない相談である。そこで我輩は此英語と云ふものを單に普通英語と云ふ胡廲化しの言葉に先づ直しまして、普通英語と云ふものは如何にして研究したら都合が宜いか、それに付ての解決を何とかしやうと思ふのであります。扨て其普通英語と云ふものをどうして學ぶべきやと云ふことになると、是は又頗る簡單明瞭な、態々此處に壇上に立つて大聲を立てる程の價値ある問題ではない。曰く日本語の世界から離れて英語の世界に轉住したまへ、引越したまへと言へば宜い。卽ち常識判斷で澤山な問題であります。こんなことをして居るよりも。英語の世界に引越したら一番早手廻し、自然に旨く、さうメソッドなどを考へないでもちやんと旨く行く斯う言へば此問題は直ぐ解決をするのであります。現に英吉利の如きに於きましては、此諸君の中には偉い御方も居らつしやるやうですが、中學卒業前後の標準から申しますれば、英吉利などでは、矢張外國語を研究する上に於て特種の設備を出來るだけ期しやうとして居るのであります。現に向ふの外交官などになるのには、尠くも二科目の素養がなくてはならぬと云ふ所からして、さう云ふ方面に向ふ學生達は無論の話、瑞西とか、佛蘭西とか、白耳義と云ふやうな所に行きまして其處に歲月を暫く送ると云ふ方法がある。詰り Pension de famille とか Ecole de commerce といふ樣な所で語學の雰圍氣に包まれて其土地の言葉を學ぶ。斯う云ふ方法に依つて、所謂暫しの出稼を此學生諸君がして、或はファミリーに這入つて、其中で知らぬ間に語學に通達すると云ふやうな方法を向ふでは盛にやつて居る。現に今言つたやうな白耳義や、瑞西や、或は佛蘭西邊りでは、さう云ふ種類の學校が四十校も設けられて居る位であります。つまりすつかり自分が現在の境遇を離れて、學ばんとする外國の世界に這入ると云ふことが最も便利な宜い方法である。是は私が事新らしく申上げるまでの事でもない。是丈では如何にも人を馬鹿にしたことになります。冗談ではない、そんなことをする位ならばお前達にそんな相談はしない。斯う仰しやるに極つて居る。そこで問題は斯ういふ事になる、それならば如何にしてそう云ふ外國の土地に行つたと同じやうな方法を講ずることが出來るかと云ふことになるのであります、是に對する具體的なお答へは、詰り第一に外國語の雰圍氣に這入ること、其空氣の中に出來得る限り浸り込むと云ふことであります。有ゆる機會を利用して、英語ならば英語の世界を自分から形造つて行くと云ふ努力です是が一番大事なことである。之を相當にやれば外國に行つて行ると同じ譯である。常住坐臥、電車に乘つても、語學殊に英語の字がないか、往來を歩いても看板に英語の字がないか、ステーションに行つたならば、外國人を捉へて喋り込む。一寸圖々しいやうに聞へますが、併しながら尻込みして居ては英語なぞは上達出來るものではない。幸に學生にして未だ天下に名の轟かざる時の間は、圖迂々々しくなくては外國語は進まぬのであります。兎角西洋人の會話の時間になりますと、平生侃諤の辯を論ずる辯士が會話の時間になると溫好の君子に早變りをする。斯う云ふことでは語學の進步と云ふことは期待出來ない。圖迂々々しかるべし。西洋人に會つたら『ハウドウユードー』と言ふ。何、構ひはしませぬ。向ふが怒つたら『はい、さようなら』で歸れば宜い。それでも一寸英語の國民に喋つたと云ふ其處に快感が少くも宿る。あわよく向ふが乘込んで來たならば、盛にブロークンイングリッシユをやる。其位の面魂がなくては、折角犧牲に供して夏休にこんな所に這入る勇氣に裏切をするのであります。ステーションで西洋人に會つたら切符を買つてやらうかとか、何とかいふえらい變つた親切者が居る。流石江戸ッ子は宜いなと思ふでせう。それから段々喰付いて歩いて色々な話をする。平たく言へばさう云ふようなことになる。要するに外國人との緣故を旨く附

ける と云ふことになる。教會にバイブルクラッスがあるならば、その宗旨を信ずる氣持に段々なればなれば信者になるが宜いけれども、是非ならねばならぬでも譯はない。何時までも西洋人の聖書講義を聴講して居つて、議論を吹掛ける。それを數多度繰返して居る中に、自ら知らぬ中に吾々の頭には、血となり肉となつて英語と云ふものが滲み込んで來るのです。さう云ふ風に、先づ出來るだけ英語の雰圍氣に觸れると云ふ機會を作ると云ふ、是が一つの妙諦であります。現に私の如きは、小さい時分には西洋の人の出て居る學校でサイエンスに至るまでも西洋人が敎へて居つた。今の嫌やな代數なども西洋人に敎はつたのであります。其時分は中々旨いことを云つたり何かした。幸に又自分も圖迂々々しかつたのでありますが。それから又最近に於て向ふへ行つて其空氣の中へ這入ると云ふと、自分ながら感心するやうなことも喋れた記憶もあります。さう云ふ雰圍氣から離れると云ふと又後退りをするので、其位明瞭に空氣の中に浸ると云ふ機會を鵜の目鷹の目で捉へなくてはならぬ。其處まで這入つて行く。やると云ふことが決つて居れば、やるやうなやらぬやうな、はつきりしない男らしくない態度では、駄目である。やる氣になれば、その位の手段方法に關する知識は出て來るものです。斯ういふ常識的知識が出來た以上は只實行あるのみです。即ち時間的に言ふならば、何處までもコンスタントにやる。或時に力強く、或時に緩くと云ふやうな、さう云ふ遣方は危險である。今代數の講習會があるから、まあ英語の方は一時御預りにして置いて、代數の方ばかりを一時熱を持たう。斯う云ふやうな遣方は危險でありま す。此コンスタンシーと云ふものを何處までも忘れてはならない。一日に一頁でも宜い。それが惡ければ半頁、三行でも宜い。每日必ず續けて行くと云ふことが、是が又一つの方法でありますが是も分り切つたことでありますが、實行をして戴きたい。現に發達をすると云ふ GROW と云ふ字、是は私がちよいちよい御紹介をする癖がありまするが、自家一流のエチモロジーから言ふと、G は Go であります。次のRは Right であります。O は on W は Working 即ちゴーライトオンワーキングで、オンは繼續を示すオンであります。驀地に働き續ける事であります。之を知つて居なければ、總ての研究法、殊に語學の研究法は失敗や無駄をするのであります。斯うすれば發達せざるを得ないのである。敎師の方から言へば、さう云ふ風な設備に、始終時間割なり學生の態度を引張つて行くと云ふことが大事な點なのです。學校生活で夏休などになりますと、夏休後には大變な退歩をして居るのがある。人間は進歩をしなければ退歩をするのである。一つの處に立止つて居るものではない。足踏みをして居るものではない。進まざれば退くに決つて居る。故に夏休の後に於て、英語と云ふものからして、緣を暫し切つたやうな人は、非常な退歩をして居ることは多年の經驗に依つて明瞭なのであります。此意味に於て夏期講習會の如きは一つの意義を以て居るのであります。例へば娯樂をすると云ふ場合には、成べく英語に緣故の有るものを捉んで自分のアミユーズメントに使ふ。活動寫眞を御覽になるならば、其活動のプロツトを見るのではない。筋を研究するのではない。それはもつと先に行つてやれば宜いのである。それよりも眼前の急務は、其字幕に現れた、其フヰルムのスクリーンに現れたる文字を讀むと云ふことであります。是は非常に興味のあることである。達人になると云ふと、長い字幕でも三回も讀み直すことが樂に出來ると言ふ。俺はどうも今日は半分しか讀めなかつた。斯くてありなんやは須く一回でも完全に讀めるやうに努力しなければならぬ。併し之を活動に行く口實にしては以ての外だが。行くならばさう云ふ風に利用する。今度は二回讀まう、三回讀まう、斯う云ふ風な意味で、總てのものを始終英語化しやうといふ努力をする、所謂其雰圍氣に觸れるといふ覺悟が腹のどん底からして出來て居るといふ事が英語研究の根本なのであります。老婆心にもう一つ御注意申上げたいことは、無論御研究になる場合は机の上に二種類を御置きになると私は信ずる。一つは六ケしい程度自分が爪立てをして漸く會得の出來る程度の書物を御置きになると同時に、一方には寢轉んでも讀める程度やさしい書物、此二種類の書物を必ず机上に備へて居られるに相違ないと思ふ。所謂やさしい書物、是は近頃はやる言葉で言へば、直讀直解と申しますか、さう云ふ風に自ら讀んで、發音の方面よりして自ら味得すると云ふ性質のものでなくてはならない。兎角若い者は六ケしいものを讀まなければ不景氣だと云ふので、六ケしいものばかりに拘泥はらうとする。是は危險である。毎年私は試驗の答案などを調べて知る所は、餘りに六ケしい書物のフレーズなどを讀むことに努力し過ぎて肝心なやさしい程度のものを閑却して居ると云ふ弊が、廣く一種の漫性的に行亘つて居るやうに思ふのであります。是は甚だ危險である。寧ろやさしいものに力を入れる。或人の如きは所謂英語界の巨星某氏の如きは、文法も何も能く分らぬ中にスヰントンの萬國史を、二十何回讀んだと言ふ、所謂自ら通じて、今では世界的と言ひたい位、少くも東洋的の偉大なる英語文章家になつて居られる人がある。此やさしい書物を閑却する弊がある、爲に和文英譯などに「それを被つて見たまへ」などと云ふやうな問題を出すと云ふと、just put on it 斯う云ふことになる。成程譯した所ではそれを一寸被るのでありますけれども、リーディングで根底的に自然に鍛へ上げた者は、こんな言ひ方は斷じてしませぬ。just put it on と自然に言ふに相違ない。斯んな事が至る所に禍ひをし、又利益を與へるのであります。であるからして、中學ならば三年とかいふ位のものを丁寧に讀みこなす。やさしい本を數多度讀直すと云ふ位の、それだけのストロングウヰルがなければならぬ。六ケしいものに引掛つて居ると云ふことは非常な損なことであります。此點を大に高潮して置きたいさうして新聞なんぞと云ふものは六ケしい文章がさうあるものではないから、あゝ云ふものを出來るだけ讀む。新聞も一種の教科書に外國ではなつて居る位、さうして試驗問題が新聞を用ゐて、ガンヂーと云ふのは何だとか云ふやうな、現在の著名な世上の事實を能く問題に出したりなんかする。新聞の利用法が發達して居ります。出來るだけ語學の爲には、矢張外國新聞か或は日本で作られたる英字新聞と云ふものを利用するやうに努めることが必要であらうと思ふ。次に六ケしい書物に付ては是は申上げるまでもない。手の届くか届かぬ程度のもので、主に試驗問題に接する態度で讀むので、是はアナリシスを大に吟味してやらなければならぬ。サブゼクト、オブゼクト、此 infinitive は原因を表はしてるか結果を表はしてるかと云ふやうなことを詳しく詮義する。此態度で六ケしい書物を日に三行でも宜い。もう澤山讀まうとすると人間でありますから厭きてしまいますので、短じかくても宜しいから、縱横無盡に讀解くと云ふ氣持で御やりにならなければならぬ。又兎角文法と云ふものを閑却する弊があるやうに見受けられるので、官立學校の試驗に於て露骨に文法の試驗が兎角無いと云ふ所から、文法を閑却する虞がある。かといふて無暗に詳しく文法を研究すると云ふには及ばぬ。中學で敎へられた程度のものを反復丁寧に讀んで置けば良い、さうすれば文章を讀解く上に於て非常な益をするのであります。此點に付てもつと詳いしく申上度いのですが時間がありませぬから先へ進みます。次に字引を用ゐるならば原語の字引を用ゐたまへと云ふことを高唱したい。それは成程最初英語の字引を御繰りになると說明してある文句が分らない。同情します。分らないから其說明してある文句と云ふものにつき、更に其の字を引く又分らぬ字が出る。更に又引く。孫引、曾孫引、玄孫引、大抵孫引位で屁子たつてしまう。それがいかぬ。それは何も眼前に試驗を控へて、時間的に非常に苦しんで居るのではないから、落着き拂つて孫引、曾孫引、玄孫引、ずつと何處までも徹底的に苦んで見るが宜い。其間に說明してある文句を繰返し讀む中に、自ら英語のセンチメントと云ふものを自然に與へられる。さうして何遍も知らぬ中に言葉を繰返して居るので、そこでわざ〳〵電車の中で、カードに書いて一々規則的な暗記をして、電車の止つた時にガーンと忘れてしまうやうなそんな不安な方法ではない。あの電車の中でやつて居る人を見ると、實に悲慘の感じをする。是は尤も私共がぼんやりして居る時に智識探求をやつて居るのであるから、强ち咎められぬ、サムシング、イズ、ベター、ザン、ナッシングであるけれども、外の大事なことをやつて居らないで、カードばかりやつて居つても、是は率ざ鎌倉と云ふ時に役に立たない。憂ひがあるから餘程考へ物である。やり樣に依つては宜からうが電車の中でまでも頭を虐待する程の利益がありますまいと思ふ。それで成べく英語の字引を御繰りなさると、其處に自然に興味も湧き、英語のセンチメントが分つて來る。さうなれば占めたもので、是が案外人が氣が附かない經濟的な勉强の一つの手段であります。是もやつて見なさらなければ分らぬが、尤も一日位やつたのでは效驗顯かではない。それはいかぬそれが現代人の通弊であります。暫くやつて直ぐ厭く。是だから着實な眞面目な進歩が出來ないで、何時までも鳥打帽を被つて居らなければならぬと云ふ、受驗界に於ける先輩の名を何時までも持つて居ることになるのであります。次にもう一つ御進め申上げて置きたいことは暗誦であります。是は小學校時代から、餘りに兒童の能力と云ふものを衰へさせるからといふて、暗記と云ふものは成べくさせないやうな親切な遣方になつて居る爲に、英語の方に於ても餘りに暗誦といふことを强ひない傾向があります。もう少し硬教育を行はなければ駄目であります。體罰を加へると云ふ所まで主張しませぬが、もう少し强い教育を行はなければならぬ。今年代議士に選ばれて、新進氣鋭な雄辯家某氏は高等學校に居る時分に、私が便所へ小便に行つた所が、向ふ側に立ちながら盛に獨逸語を、小便をしながら朗誦をして居つた事を覺えて居ります。凡てがさう云ふ努力の報いで、今日相當に活動をし又未來の多望を思はしめる事になつたのですが、此位の熱が誰にでもあつて欲しい。餘裕は扨ておき此暗誦と云ふことが馬鹿に出來ないのです。此以上の四つの方法と云ふものが常識上より判斷したる、普通英語と云ふものを進歩させる上に於て分り切つたことであつて、而も實行をして居ない爲に非常な損をして居る大事な思附きの點であります。まだ大に申上げたい點も外にあつたのでありますが、時間が知らぬ間に經つたので、龍頭蛇尾の嫌ひに陷りましたが、是は追つて又何かの機會に御目に掛つた時緩々申上げることにして、今日は唯老婆心ながら、眞理は常に新しい云ふ、つまり分切つた事を申上げたに過ぎないのであります。どうか諸君は如上の簡易にして平凡な事實を本當に味得し、體得して實行を今日から御やりにならんことを切望して此壇を下ります。

活きた言葉の學び方

岡田實麿

活きた言葉の學び方

村井先生の御紹介が耻かしいので、後ろの方に隠れて居りました。今村井先生の御話の通り、全體私共が他から御出で下さる講演者に先立つて御話すると云ふことは甚だ僭越なことでありますけれども、時間の御都合で順序を構はず出て御話するのであります。村田先生の有益なる御講演がありまして、本當を云ふと私達はやめて村田先生に二時間願つた方が宜いかと思つて居つた位で、先生御自身も大變與に入られて熱心に御話になつたやうに見えますが、併し四人と出したから四人やらなければならぬと云ふことでありますが、鹽谷先生が御出でになるまでちよつとの間纏まりも附かないことを御話いたさうと思ひます。何だか平素の講義は固苦しいが今日のは清凉劑だとか云ふことを影から聞いて居りましたが、私の講演は清涼劑處か却つて大變暑さを添へるやうなことになるかも知れませぬ。村井先生のお上手な御話があつて、又村田先生の講義を御聞きになつた後でさぞ御聞き苦しいであらふと思ひます。どうぞ扇を御使ひ下さい。掲げられた講義の題は「如何に英語を學ぶべきか」、「ハウ、ツー、ラーン、イングリッシ」。是は簡單に云へば勉强さへすれば宜いと云ふことになるのでありますが、勉强の方法も色々ある。何所から話して宜いか餘り話すことがあり過ぎて、ちよつと話の糸口が見つからないのです。一つの糸口でないから、どの糸口から繰つて行つてよいか分らぬやうになつたのでありますけれども、先づ英語と云ふ言葉は如何なる種類の言葉であるかと云ふやうなことから申して見たい』。諸君御承知の通り言葉の中にはデッド、ランゲーヂ、リヴィング、ランゲーヂ、直譯すれば生きた言葉と死んだ言葉と此の二つがあると云ふことは明である。歐羅巴で云へば例へば、希臘語の如き、又は拉典語の如き、サンスクリットの如き、梵語と云ふが、其梵語の如き、又日本では今日矢張り中學校で學んで居るやうな國語漢文の如きものは死んだ言葉である。是等の言葉は書いた物は澤山殘つて居るけれども、之を用ゐて話して居る人は何處にもないのである。國語の如きも日本の國の言葉と云ふけれども、あの儘で、今日毎日の用を辯ずる爲に用ゐたならば誰にも通じない。漢文を用ひて支那人に話をすれば矢張り何のことか分らぬのであります。併し英語の如き、又は佛蘭西語獨逸語其他日本語の如き、皆な是は生きた言葉である、生きた言葉であると云ふことは毎日使はれて居る言葉であると云ふことであります。併し一方に於て昔用ゐられたけれども今は用ゐられて居らぬ言葉をデッド、ランゲージ、死語と云ひ、今用ゐられて居る言葉を生きた言葉と云ふのにはもう一つ理由がある。有機體と同樣に、言葉は死んでしまへば最早發達をしない。或る程度まで發達して其所でもう斃れたら、有機體と同樣に言葉も其所で熄んでしまふ。併し生きて居る言葉は生きて居る人間の如く、尙ほ之から成長發達して行きつゝある。百年前の、例へば英語と今日の英語とは同じではない。又今日の英語と百年後の英語は決して同一ではない。此の言葉の用ゐられて居る限り、日々否刻々に變化を爲しつゝあり、發達を爲しつゝあるのである。此の一事は特に諸君に念頭に留めて置いて貰ひたいので、英語は生きた言葉であるからして時々刻々に變化しつゝある。諸君御自身の身體が毎日々々變つて行く如く英語は變つて行くのである。此意味からしてスタンダード、イングリッシ、標準的英語と云ふものは存在しないと云ふことを云ひ得るのである。是が標準の英語である、何所までも此の英語に依つて行かなければならぬと云ふ英語はないと云つても差支へないのである。昔から英吉利人が使ひ來つた英語を研究して、どう云ふ風に此の時代の人は言葉使ひをしたか、其次の時代の人は如何なる言葉使ひをしたか、之を研究して秩序を附けたものが文法であるが、其文法と云ふものも矢張り時代と共に變つて來る。從つて文法に論理的文法と歷史的文法の二つを生ずる所以であります。

或る一定の一つの標準を定めてそれを何所までも遵奉し、何所までもそれに依つて進めて行かふと云ふのがロジカル、グランマであるけれども、時代々々に依つてやつて行かふと云ふのがヒストリカル、グランマである。此の生きた言葉を學ぶに付て諸君が念頭に置いて置かなければならぬことは、文法を學ぶにしても必ず論理的の方に注目し、之れに重きを置くことが必要であるが、又歷史的文法をも等閑に附してはならないのである。今申しかかつたことに付て詳しく云へば非常に多くの言葉を要し、事柄が專門的になるから是だけのヒントを與へて置くだけで止めまして、矢張り生きた言葉に關聯して注意を願ひたいことは、生きた言葉は目で見るだけではいかぬと云ふことが大切な點である。』神田先生が神田リーダの表紙に口と手と眼と耳を現はして居られる。不注意の人は只一つの模様として之を見のがしたか知れぬが、注意深い人は必ず其意味を考へられたことと思ひますが、是は簡單に英語と云ふものは生きた言葉であるから讀むことと聞くことと話すことと書くことと、此四つが共に出來なければ本當に英語ではないと云ふことを、簡單に其形を現はされて居るものと私は信じて居ります。ところが外國人として外國語を學ぶ、英語は日本人に取つて無論外國語である。其外國語を學ぶに當つてはどうしても眼の言葉になつてしまふ。書いたり印刷したりしてある字を讀むと、それが何と云ふ意味か解るけれども、發音は出來ない。又人が云ふて居るのを聞いて居つては分らぬ。書くことに至つては尙更出來ない。それでは英語を學んだと云ふけれども、僅かに英語の四分の一を學んだのである。形の上に於て四分の一を學んだのである。併し實質から云ふと生きた言葉としては、生きた言葉の十分の一位を學んだものと私は斷言する。生きた言葉は眼で見る部分は一番用をなさない部分である。死語ならば眼だけで宜い。先程も申す通り、誰も話す人も聞く人もない。書く人もない。だから眼だけで宜い。生きた言葉は眼だけの部分を學んだのでは實質に於ては十分の一にも當らぬと云つても過言でなからふと思ふ。形の上から云へば漸く四分の一を學び得たと云ふことになる。然るに今日諸君の多數は受驗生であると私は見做して居る。固より違ひなからふと思ふ。で其諸君が官立の學校なり其他私立の大學なりに準備をして這入られる。諸君は私の申すまでもなく能く注意して居られることであつて、御存知のことであらふと思ふが、高等學校の試驗の問題を見ると英文和譯四題乃至五題、和文英譯僅かに二題、最近に至つて學生が發音を輕んずると云ふ弊を救はむが爲に、アクセントの問題が少しだけ御呪ひのやらに加へてある。會話の試驗に至つては全然ない。商科大學、高等商業邊りでは如何にと見ると、是は幾らか實際的の英語と云ふ方面に重きを置いて、英文和譯と殆ど同じ位に和文英譯の問題を出して居る。又聽取り書取りなどの科も加へてある。高等學校にも無論書取りはあります。之を以て會話の代りに聞く力はどの位あるかと云ふことを、幾らか試驗は出來るが、併し口の試驗は僅かに單語を十位出してアクセントを附けさして見て、如何に發音するかを試す位な眞似をするに過ぎない。根本的に間違つて居る。是は私が此所で初めて云ふのではない。高等學校の教師として私が何度當局者に云ふたか分らぬ。私の前に此所に立つて諸君に講演をされた村田先生も私の同僚の一人であるが、此の點に於て全然意見を同じうして居るのであります。外のことでは意見が違ふこともあるか知らぬが、此一點に於ては全然意見を同じうして居られる。他の高等學校の先生の中にも意見を同じうして居る人もあります。然し我々の云ふことがどうしても用ゐられない。高等學校の校長の中には之を理解し賛成する人もあらうけれども、多數決でことを決めてしまふ今日の世の中の大多數が分らぬ。高等學校の英語は參考書を讀むことが出來るやうになればそれで宜いんだ。何も高等學校を卒業し大學を卒業してから通辯にならふと云ふのではなからふ。それなら會話が必要かも知らぬ。商事會社に入つて其所の通信係りにならふと云ふのではなからふ。それなら手紙を書くことが必要であるかも知らぬ。けれども、さうでない以上は參考書を讀むことさへ出來れば宜いのだから、讀書力を養へば宜いのだだから、書いたり話したりすることに重きを置くに當らぬと云ふ。是は愚かなる說である。素人の愚かなる說である。大學の文學部に入つて英文學を專攻するには、セクスピア、ミルトン、スペンサーなどを讀む。其方には之を讀むべき專問と云ふこともあるか知らぬが、それは生きたる英語でなく英語のクラシックス、英語の古典を讀むやうなもので、丁度日本語を研究するのに萬葉や源氏などのやうな古いものを讀むと云ふのと同じである。それなどは特種專門と云ふて宜いか知らぬが、高等學校なり大學の英文學專門以外の人がやるには、書くことゝ讀むことゝ聞くことが步調を同じうして行かなければならぬものである。小學校でも讀方綴方は平行して行かなければならぬ。中學校も其通り讀む方と作文とに重きを置かなければならぬ。又眞に讀むことを專門とすると云ふ者も自分自ら文章を作つて見ずして書いてある文章、人の書いた文章の眞の味ひを悟ることは出來ませぬ。

例へば建築の知識が少しもないのに、自分で家を一遍も建てたことがない者が、他人の建てた建築を見て、其形の大きいこと意匠の美しいことなどは分りますか知れませぬが、果して何所に建築其物としての價値があるか、何所に家其物として宜い所があるかと云ふことは分らぬ。只何と廣い家であらふ、何と大きな建物であらふか、如何に美しい家であらふかと云ふことを感嘆するのみであります。其書いた人の心持を酌みとることが出來ず、折角の名文も其微妙なる所を味はふことが出來なければ、文章の本當の意味が解つたとは云へない。それで讀書力專門でやつて、それを標榜して三年間高等學校でやり大學に進む。さうして三百頁位なる書物を一ヶ月位かかつて讀む。參考書を讀むことを專門としたのであるから、其主義が本當に徹底して居り、是が本當に有效に行はれて居るならば、三百頁や四百頁の書物を一ヶ月もかかつて讀む筈はないと思ふ。高等學校の卒業生を誰でも連れて來て御覽なさい。固より少數の例外はあるが大多數は字引を首つ引で三四百頁に一ヶ月位かゝる。そんなことで何になる。大學卒業生で後に博士になつた有名な法學博士を私は知つて居るが、其人は自分も偉いと信じ人も偉いと思つて居るが、其人は外國の書物なぞ讀む必要はない。自分は大いに讀んだが、讀んだ結果讀む必要はないと云ふことを知つたと云ふ。外國にも行つたが、行つても餘り偉い人はない。どう云ふ譯か獨逸人或は英吉利人と云ふやうな學者が書いたと云ふ本を讀んで見ても、其書いてある意見は我輩の意見と全然同じことだ、向ふへ行つて留學して大家と云はれる學者に付て講義を開いても皆同じことだ。だからさう云ふ人の書いた物を讀んだり講義を聞いたりすることはない。自分が最も正しいとして認めれば宜いのだと云つて居る。そんな譯はない。十人が十人皆顏の異なる如く違つて居る。固より一つの眞理に付ては誰にも耳が二つ口が一つあつて只鼻が高かつたり口が小さかつたりするけれども、大體に於ては違はないでせうけれども、其眞理を說く說き方、其觀察の仕方は、假令同じ結着點に到着するにしても、行く道筋は必ず違ふに相違ない。同じだと云ふ、それは何を稱して居るかと言へば、其人は言葉が出來ない人だ、言葉が分らないから誰が云ふのも同じやうに聞える、誰が書いたのも同じやうに見える。さう云ふ人の讀み方は多くは斯う云ふことが書いてあるのだらうと決めて掛かる。其次の本も斯う云ふ風に書いてあるのであらふと決めてしまふ。讀むのではない、讀むと稱して居るだけである。語學の力は少しもないのだから分らぬのである。語學の力がなくても博士になれる獨創力に富んだ、オリジナリテーの人はどうも專斷的な、ドグマッチクなものになる。普通の人の通るべき路ではないのである。十分に參考書を讀むことすら出來なくて、それが專門であるなどと云つて居る。どうしても生きた言葉はさう云ふことでは役立ぬ。參考書は文學ではない。クラシックスではないから、どうしても生きた言葉の範圍に這入つて居るから、書くことと讀むことと聞くことと見ることの四つのものを同時に結合して行かなければならぬ。それでなければば書いた物も本當に分らぬ。或る高等程度の學校の先生で名前は云はないが、有名な先生に斯う云ふことがある。マクミランと云ふ英國の本屋から其先生に宛てて教科書の見本を二冊ばかり送つて來た。なに本屋の廣告ですから、讀んで見て其本が教科書として自分の生徒に見せるのに適當でないと思へば、注文しなければそれで宜いんですが、非常に正直な人ですから、何とか云ふてやらなければ相濟まぬと云ふ氣を起した。扨何と云ふて其御禮狀を書いて宜いか分らぬ。僕もさう偉いことはないけれども、僕にどう云ふ風に書くかと云ふから、本を送つて呉れて有難ふございます、能く見た上で宜かつたら又注文しませふ。それで宜しい。それはそれで宜いけれどもそれを英語でどう書くか。高等程度の學校の先生でそれ位のことが書けぬかと思つて私は呆れてしまつたけれども、そんなことは云へぬ。すると君書いて呉れ、さうして家へ歸つて明日來る時に持つて來て呉れと云ふ。私は十分間のレセスの間に書いた。三行か四行で十分間の休憩時間、時間と時間の間に書いた。先生敎場から歸つて見ると眞に驚いた。其人の目から見ると十分間に英語が四行書けるのだから偉い。テン、ミニッツの間に四行も英語が書ける。感心してしまつた。いつの間に書いたか。今ちよつと休憩時間の間に書いたと云ふと實に驚いた。驚いたのは宜いけれども、さあ心配でならぬ。十分間に英語を四行も書いて、果してそれが正しい英語であるかどうかと云ふことが其人の頭では疑問で、一旦感心された私が忽ちにして信用を失つてしまつた。非常に耻かしい所であるけれども、それを西洋人の所へ持つて行つて、自分では判斷が出來ぬが是で宜いかどうかと云つて問ふた。無論斯んな物に私と雖も間違ひはない。別に差支へないと云ふことである。非常に名文であるとは思はなかつたらうけれども、併し別にミステークはない。又そんな物に名文なんか書かれはしない。書く必要もない、書けば却つて馬鹿氣た話だ。すると私が又感心された。西洋人に見せた所君の書いたのに間違ひがない。十間分に四行も書いて間違ひがないと云つて感心して居る。さう云ふ先生が高等程度の學校に居る。それでも高等程度の學校の先生は勤まる。讀むことを敎へるのだから勤まる。併し其讀むことの敎へ方如何、甚だ私は疑はざるを得ない。本當に意味が分るか知らぬ。どうしても書く讀む語す聞く、斯う四つ揃ふて行かなければ本當の生きた英語でないと云ふことを、既にずつと前に神田先生のリーダの表紙に現はされて居るが、今御話しした通り私は何所までも之を確信する。そこで諸君の英語を學ばれる方針としては此四つを揃へて行くと云ふことを主眼にされなければならぬ。』此學校の方針が又實に此所にある。どうぞ私共は此學校に於ては生きた英語を敎へたい。讀むこと丶書くことと話すことと聞くことと平均して行きたいと云ふのが、私共の主張であります。如何に英語を學ぶか英語を學ぶ早道如何と云ふ意味ではない。私はさう云ふ意味に此言葉を解しないで、どうすれば早く英語が上手になるかと云ふことでなく、完全なる英語を如何に學ぶべきか、どう云ふ方法に依つて完全なる英語を學ぶべきであるかと云ふことを諸君と共に考へて見たいと思ふたのでありますそれで眼耳口手と揃ふて働く人でなければならぬのであつて、それはどう云ふ風にしたら出來るかと云ふことになつて來ると、詰り諸君が、絕對的のものに付て云ふと、例へば一つの單語が分らないで、讀んで行くものの中に單語が分らないで字引を引くと云ふ時に、其言葉の意味の一つだけを知り得たことで滿足せず、其言葉を根本的に研究すると云ふことをして貰ひたい。初めは非常にまどろかしいやうである。一つの本を讀んで居るのに例へばドッグならドッグと云ふ言葉があると、それは犬で、それだけの文章は犬で分るから滿足するが、それで滿足しては困るので、此ドックと云ふ語は如何なる種類の名詞であるか、犬と云ふ外にどう云ふ意味があるか、動詞になるとどうか、自動詞か他動詞か、イディオマチックはどうと云ふやうなことを研究しなければならぬ。さうして讀むと一行に一時間も二時間もかゝるが結局其方が得である。其方法を以てやらないで間に合せに、其文章に必要なことだけやつて居ると試みに鉛筆で線を附けて見れば何遍でも其字を引く。又忘れたと思ふ、僕は記憶力が悪いと思ふ。暫く立つてもう一遍引くことがある。青いのと赤いのと二つ線がある。大變記憶力が悪いと思ふがさうではない。初めから其言葉の一部分だけ知つて外は知らぬのであるから、今度別な意味に出會してもう一度引かなければならぬ。さうすれば初め非常に手間取るやうであるけれども仕舞には大變な利益である。其時だけ問に合せに字引を引いて居ると早いやうであるが、結局大變遲いことになる。只今云つたドッグと云ふやうな言葉に付て或る一つの意味で使つた時は知つて居るから分るが、別な意味で使つた時はわからぬ。それだから全部知つて居なければ分らぬ。字引で引く時は十分に何所から何所までも殘らず研究すると云ふことが非常に大切なやり方である。さうして其一つの言葉を知つたならば、それを丁度婦人が呉服屋へ行つて段々買つて來てそれを着物に仕立てて簞笥の曳出しに入れて大切にしまつて置き滅多に着ない。一年に一度か二度しか着ない。或はそれを一年に一度も着ないで、而もそれを簞笥の中にあるから宜いと思つて居るやうに、其言葉を自分の頭の中に仕舞ひ込んでしまつたのではいかぬ。一つ言葉を覺えたらそれを無暗に濫用して見る。利用するのではない、濫用する。誰でも見たら其言葉を云ひかける、無暗矢鱈に用ゐる。それで初めて本當に自分の物になる。だから私は婦人が着物を簞笥にしまつて置くよりも、それを着て芝居にでも何所へでも行くのがまだ〳〵宜いと思ふ。それは費用がかゝるか知らぬが、言葉の方は費用が入らぬ。濫用すべしである。其うちには知らず〳〵自分の物になつてしまふ。頭の底へ仕舞つて置いたのでは役に立たぬ。それはどう云ふ方法かと云ふと往來を歩いて居る人にもしもしと呼掛けて英語で話しかけると氣遣ひかと思ふ。思ふではない。確に狂人に違いない。諸君友達同士英語の多少解る者の間で用ゐる。手紙のやり取りも英語でする。生意氣だと云ふが生意氣なことはない、勉强の爲だ。只私は日本語の中に英語を交ぜて話す人を見ますが、大嫌ひだ。私自身も大概しない。どうしても英語でなくては言表はすことの出來ない場合は交ぜることもありますが、日本語を使ふ時は何所までも純粋の日本語を使ひ、其代り英語を使ふ時は何所までも英語で行きたい。諸君としては勉强の爲であるから諸君御互の間で交通したり、日記を英語で書いたりする際には、覺へた言葉を成るべく多く使ふやうにして無理にも書く、日記なんか少し嘘でも宜いから其言葉を使ふ爲に書く。現に私共の幼い時に日本の作文を稽古したのが皆さうである。先生から題を出されて上野に櫻を見に行くの記なんて書く。行きもどうもしないが行つた積りになつて書く。嘘なんですね、嘘なんだが書く。そればかりではない。私共が記行文を書くと云ふ時には必ず一瓢を携へて行つたものである。此頃はさう云ふことはないですが、私共の少年時代には必ず記行文には一瓢を携へて行く、文章の上には必ず瓢箪を持つて行く。それはもう決まつて居つた。それを書かぬと先生が叱る。型にはまつてゐないからいかぬと云ふ。さう云ふやうな具合で練習としては日記に嘘があつても宜い。諸君の學生時代の日記を出版する人は滅多にない、又他日諸君が偉い者になつた時は、それは或は諸君の死後に於て諸君の日記が出版されるかも知らぬけれども、其時は大抵學生時代の日記なんかは興味の薄いものだから、社會に立たれて後の日記しか世の中に公にされないから、世間をして惑はせるやうなことはない。日記を書くと思ふて書いたのではない。特に研究の爲に書いたのである。一度に澤山覺へなくても宜いから日に一つづゝ必ず單語を覺へると云ふことが必要である。日に一つ覺へれば一年に三百六十五覺えられる。大抵一つ宛覺へて五年もすれば英語は自由自在に使はれる。大概の本は皆な讀める。其代り一つ宛覺へて一つづゝ忘れれば何にもならぬ。元の默阿彌だ、忘れないで覺へれば五年もすれば偉いものである。平素人の知つて居る言葉はさうあるものではない。ウエブスタ、スタンダードに何十萬と云ふ言葉があるが、其編輯者と雖も半分も知つて居らぬ。あれは辭典を編輯する時色々な本を參考にして寫したので、それ〳〵判斷を下してやつたものである。あれだけの辭典の中の言葉を使ふ者はどんな英國人にも亞米利加人にもない。自由に使ひ得る語の數は極めて少い。それで慾を出さなくても宜いから、確實に覺へると云ふことをやる。それに付いては只今村田先生が御講演になつたエテモロデイーと云ふことが必要である。一つの言葉を知れば其言葉の成立ちに付て研究する。字引を見ても村田先生の云はれたやうに詳しくはないが概略のことが書いてある。それに付て研究して貰ふ。さうすれば一つの言葉を知れば類推して五つや六つ多い時には十以上の言葉を征服出來る。是が非常に大切なことである。それを知らぬから一つ〳〵皆字引を引かなければならぬ。是は諸君の勉强の方法の上に於て大切なことであり、さうすることは非常に有益なことであらうと思ふのである。』尙ほどう云ふことに付て話して宜いか、考へて居れば無數にあるやうであるが、何遍も時間の催促があるから是で止めて置きたいと思ふが其前にちよつと此のことを云つて置きたい。此間講演された外國語學校の吉岡先生のお話と、同じ日に、最後に十時から十一時までの講演をされた村井先生の御話との間に、ちよつと意義の相違があつたやうに聞えはせぬか、傍で聞いて居つて私は諸君が必ずさう御聞きになつたかと思つたのであります。吉岡先生はファスト、リーディングに付て講義されて早く讀めと云ふことを云はれた。其後に村井先生はさう云ふ讀み方はいかぬ。早く讀んではいかぬ。詳しく讀まなくてはならぬと云ふ。ちよつと衝突して居るやうな感がありますが決して衝突して居らぬ。どちらも本當である。是は一つ私が註解して置きたいと思ふ。一方に於ては早く讀み、一方に於ては詳しく讀む、兩方平行して行くと云ふ習慣が必要である。又吉岡先生のファスト、リーディングと云ふことは研究の上から云へば極めて必要で、三百頁や四百頁に一ケ月も掛かつては何にもならぬ。速に讀んで大體を摑む。是が今日入學試驗の場合には長文問題と云ふ形になつて居る。大體の意味を摑む。さうして其要點を云ふ。

是は大切なことである。併し一方に於て受驗生が入學試驗の準備をする時に、其方法ばかりに依つてすれば駄目である。それは詳しい所をやつて置かなければならぬ。徴に入り細を穿つて行かなければならぬ。さうしなければとても駄目で、ファスト、リーディングばかりやつては試驗に落第する。只餘りに細かく研究しようとする結果、奇を好んでひねくれた文章を研究する。謎のやうな文章に沒頭してはいかぬ。一方に於て興味ある問題であるけれども之に捕はれ易い。諸君は成るべく癖のない穩かなおとなしい普通の文章に力を入れて研究して貰ひたいと思ひます。それから外國人として英語を學ぶと云ふことになれば、卽ち外國語を學ぶと云ふことになれば、どうしても自國語と違つて文法と云ふものを或る程度まで之は基礎としてやらなければならぬから、是は疎かにしてはならぬ。どうも講演者は時間に制限がある爲に其理由を盡すことが出來ず、往々諸君に誤解されるやうな點がある。私共が聞けば兩先生の云はれることは能く解つて居るが諸君が聞かれると誤解されるかも知れぬ。例へば植原先生が文法無用論に似たやうなことを云はれて居つたけれども、是も決して先生の眞意ではない。時間に制限がある爲に十分に意を盡されないものと思ふ。文法に拘泥しては駄目であつて、決して文法學者に名文は書けない。今日文章の大家と云はれる所の日本の文士の中にも我々門外漢から見ても、文法の間違ひや假名遣ひの違ひは一冊本を讀めば必ず幾つも發見するけれども、尙ほ名文たるを失はない。文法學者に注意して書けと云へば間違ひのない文章も書きませうが、序文など書いて居るのに能く人に解らぬやうな文章がある。さう云ふことは屢々ある。けれども英語を學ぶ者は必ず或る程度まで英文法をやつて居らぬと駄目である。どうか是も心から學んで戴きたいのである。尙ほ色々のことがありますけれども度々催促されますし、此次に鹽谷先生の講演があり、其次に岸本先生の講演があり、是等の御話は私の話よりも遙かに有益なのであるから、私の下らぬ御話をする爲にさう云ふ先生の時間を竊食するのはいけませぬ。是で止めて置きまして、又云ひ殘したことは、私は尙ほ今後明日も明後日も諸君と顏を合せるのであるから、折々に御話いたしたいと思ひます。（拍手）

如何にして英語を學ぶべきか
なを如何にして學ぶべきか

杉村廣太郎

如何にして英語を學ぶべきか
を如何にして學ぶべきか

此學校が出來ますに就て、村井先生から御依頼がありまして、夏期講演をやるので、それに How to learn English と云ふ題で皆さんに講演を御願ひすることになつて居るから、私にも一席やれと云ふ御話でありました。私にとつて斯う云ふ席で講演を致すと云ふことは非常な光榮であると云ふこと丶、今一つは平生非常に尊敬して居りまする所の村井先生からの御依頼と云ふことに特殊の興味を感じまして、一も二もなく承諾を致したのでありますが、後になつて考へまするとHow to learn English と云ふやうなことを諸君に御聽かせするやうな柄ではないことに氣附きまして、非常に恐縮致して居る次第であります。如何にして英語を學ぶべきかと云ふことは、英語を學び得た所の人が自分の體驗した所から、斯うもしたら宜からう、あゝもしたら宜からうと云ふことを諸君に敎へるのでありまして、私のやうなまだ學習の途中にある者が斯う云ふ席へ出て、諸君に How to learn English と云ふやうな大それたことを申上げるのは餘り己を知らざる次第と存じます。それで色々考へて見ましたが、どうも How to learn English と云ふことは、私に分りませぬ。私は今日まで英語の勉强は致して居りまするが、未だ學び得たと云ふ譯には參りませぬ。其處で今日まで學んで來た途中どう云ふ風にして來たかと云ふことを一つ二つ申上げることは、或は多少の御參考になりはしないかと考へるのであります。唯、併し私が斯う云ふ風にしてやつて來たと云ふことを諸君に御話することは、其通りにやつて來ました私がまだ一向出來ない所から見ると云ふと私が之を諸君に御話することは、諸君に向つて此通り御やりなさいと云ふことを御勸めするに非ずして、寧ろ斯う云ふことは御止めになつたら宜からうと云ふことを御勸めするやうに當るかも知れませぬ。其邊御聽違ひないやうに願ひたいと存じます。即ち私が通つて來た道は大變近道でありまして、其近道を御取りなさいと申すのではなくして、私の通つて來た道は大變廻り道であつた。其廻り道を廻つて來ました次第を諸君に御話すれば、そんな廻り道を通らずして、近道せらるゝ便宜になるかも知れぬと云ふ極めて淺墓な望みから此講演をやつて見やうと云ふことになつた次第であります。

一、間投詞から始めよ

先づ私が第一に申上げたいと思ふことは、凡そ語學を學ぶには自然の順序に從ふが宜くはないか、斯う思ふのであります。自然の順序と云ふのはどうであるかと云ふと人間が此世に生れまして、さうして段々言葉を知つて行く、其順序に從つて外國語も矢張學んで行つてはどうであらうかといふのであります。吾々が英語に致しましても、其外外國語を學びまする時にいたしましても一番邪魔になるものは日本語である。若し吾々が日本語を知らなかつたらば、何でも彼でも英語を話さなければならぬ。何でも彼でも英語を知らなければならぬと云ふ必然の要求に迫まられまして、餘程之に精神を打込むとも強く、又本氣になることも深かからう。隨て其進歩することも早からうと思ひます。

前年私は露西亞の獨り旅を致したことが二度ばかりありますが、私の知つてゐる露西亞語は僅に五十か六十の言葉しかありません。併し其五十か六十の言葉で歐露から西伯利へかけての道中大した失敗もなしにすんで參りました。佛蘭西に旅を致しました時にも、私は友達と二人で行きましたが、私の連れて居りました友達は佛蘭西語をまるで一語も知らぬ人でありましたから、私の僅かな佛蘭西語の知識で大體間に合せて時には通辯までしてやつた事さへあります。だから外國語を學ぶ第一の要訣は先づ日本語を奪ひ去るに在ると信じて居ります。

吾々が若し言葉と云ふものをまるで知りませぬで、さうして何か自分の頭に思つて居ることを外に出して人に知らせたいと思ふ時に、一番最初に出て來る言葉は Interjection 卽ち間投詞であります。それで英語を學ぶ時に一切日本語を振捨てゝしまつて出發する時分は何から出發するかと云ふと、私は間投詞から出發したいと思ふ。さう云ふ篦棒な英語の學び方があるものかと仰しやるかも知れませぬが、それは前に申しましたやうに私が廻り道を通つて來た次第を申上げるのでありまして、篦棒と思召す御方は其篦棒の道を御通りにならぬが宜と存じます。先づ Interjection からやり、此が手に入りましたならば、其後は矢張自然の順序に從つて殆ど破竹の如く進み得ると思ふ。Interjection が手に入る入らぬと云ふのはどう云ふことであるかと言ひますと、吾々が何か訴へたい、或は何か人に知らせたいと思ふ時に、日本語と云ふものを一切離れまして、さうして英語でやらうとするならば、一番簡單なものは Interjection である。原人が始めて言語を拵へた時も、小さい子供が初めて學ぶ所の言葉も、矢張初めは Interjection である。所が Interjection と云ふものは極めて自然に出る言葉でありますから、中々一寸稽古をした位ではひよつと宜い工合に出て來ない。一廉英語の達者なやうな顔をしてベラ〳〵と英語で話をして居る最中にちよつと蜂が留つて螫したとする。あいた——と斯う言ふに極つて居る。其あいたと云ふ言葉は英語で ouch と云ふ言葉であります。その ouch と即坐に言ひ得る人は殆ど無い。痛いと云ふ瞬間にすぐ英語で ouch と出て來る位に出て來ればもうしめたものであると思ふ。私は昔朝鮮人と同じ室に下宿して居りました。或時新聞を見ると朝鮮人は哀號々々と言つて泣くと書いてあつた。そこで朝鮮人と云ふのは泣く時に哀號々々と言つて泣くさうだなと言つた所が、そんな馬鹿なことがあるものではないと言つて、その朝鮮人が承知しない。所が丁度其處へ下宿屋の若いいたづら好きの娘がやつて來て、後からいきなり朝鮮人の脊中をひよつと叩いた。と思ふと朝鮮人が忽ち哀號と言つて引繰り返つたので、それ御覽哀號と言ふではないかと言つて笑つたことがある。斯う云ふ風に Interjection と云ふものは自然に本國の言葉が出るものでありますから、外國語で Interjection をやると云ふことは餘程その國の氣分になつてゐなければならぬ。其人の腹がさう外國的に出來て來たら、外國語を話し、外國文を書くのが樂になる。Yes とか No とか文法の上で副詞になつて居りますけれども、實は間投詞みたいなものである。所が Yes といひ No と云ふことが何でもないことのやうに見えながら中々宜い工合に出て來ない。學校に居りまして英語の話を稽古をする時には先生が一人喋つて居つて、生徒の方は何か質問を受けた時に返事をすれば宜いから、Yes とか No とか云ふことを使ふことを初めから知らない。所が外國人と差向ひになつて向ふが一人で喋つて居る時に、Yes, No で返事をするのが中々心苦しいものでありまして、さう容易にうまい工合にいかぬ。第一に初心の人で一番能く間違ふのは No と言ふべき時に Yes と言ひ、Yes と言ふべき時に No と言ふことである。之が氣をつけてゐても時々間違へる。「誰もゐないか」「うん」といへば居ないことになる。この「うん」が英語では No である。「もう誰もゐはしまい」「いゝや」といへば居ることになる。その「いゝや」が英語では Yes である。この使ひわけが自由に出來たとして、偖その次は差向ひになつて話をして居ります時、さう Yes, Yes No, No と同じ調子で言うて居ると馬鹿見たやうで迚も堪へられるものではない。そこで Yes にも言ひ方がある。Yes´? と尻を上げて言ふこともある。Yes—と引つぱつて尻を下げることもある。Ye-es´ と引つぱつて尻を下げることもある。中々面倒である。ノーにしても、英吉利人の No はノーともナーともつかぬ變な發音をする。私に其發音が出來ませぬから、此處で諸君の御聽きに入れることは出來ない。

さう云ふ風に間投詞を十分に使ひこなせれば、大概の日常の用は辯ずる。込入つたことは出來ないかも知れませぬけれども自分の苦痛を訴へたり、或は自分の喜びを表したり、或は一寸自分の知らせんと欲する所を人に知らすやうな箇なものならば間投詞だけで間に合ふ。さうして間投詞で間に合はせる方が聞いて居る者に取つても樂である。私は英語を間投詞から始めよと云ふことの議論の根據は此處にあるのであります。

二、その次が代名詞

間投詞が出來ましたならば、其次は何かと云ふと、其次は代名詞である。代名詞と言ふと名詞の代りに使はれるものであると文法に書いてありますから、名詞が出來て、それから代名詞が出來たやうに多くの人は考へて居るかも知れませぬけれども、さうではない。言葉の發達の順序から言ひますと代名詞の方が先に出來た。貴方とか、お前とか、此奴とか彼奴とか云ふ言葉が先に出來まして、それで大概のことが間に合つて居つた。大概間に合つて居つたけれども段々彼奴が多くなり、此奴が多くなり、お前が多くなつて來ると、お前とお前の區別をする爲にどうしても外の言葉を使はなければならぬので、餘儀なく其處で名詞と云ふものが出て來たのです。そこで言葉の順序から言ひますと、どうしても代名詞の方が名詞より先に出て來て居るのである。此代名詞と云ふものを其次に稽古する。代名詞の使ひ方を稽古する。此代名詞の使ひ方と云ふものは、日本では何でも此奴彼奴ですむから非常に樂ですが、どうも英語の方は一寸面倒臭い。殊に私自分で熟々面倒なことを感じましたのは、歐羅巴の大戰が始まりまして間もなく歐羅巴に參りました時でありります。其頃には何處へ行つても戰爭の話で持ち切りである。その前に西洋に行つた時は、それ程感じませぬでしたが、戰爭中の西洋には話の中に國のことゝ軍艦の話が能く出る。アメリカがどうしたとか、あの軍艦が擊沈されたとかいふのです。其度に國の名前と軍艦の名前に女子の代名詞を使はなければならぬと承知してゐるから、中々宜い工合に女子の代名詞が出て來ないで閉口しました。主格の she はどうやら斯うやら出て來ても her が his や him になつて困りました。「キモノ」の著者パリスの「サヨナラ」と云ふ小說を御讀みになると、あの中に銀太郞と云ふ男が出て來まして、是が盛んに女性と男性を間違へた代名詞を使つて居ることを書いて居る。如何にも日本人にはありさうなことゝ可笑しくなりました。此代名詞が旨く使ひこなせるなら、之だけで大概用は辨ずる。代名詞とさうして前の間投詞で中々思ひ掛ない程の用を辨ずるものであります。一體人間が話をする時は、其人の顏附きとか容子と云ふものに Expression があつて、一々言葉の末まで聽かなくても意味が分る。だから上手に間投詞を使ひ、上手に代名詞を使ひ分ければ、それで大概の用は其人の顏附きとか動作とかで辨じてしまひます。吾々が言葉の通じませぬ外國に行きまして、どうか斯うかやつて來たのは、大概それでやつて來たのです。

それから代名詞が手に入りましてから後に初めて名詞になる。其名詞が出來ましてから後に動詞が出來て來た。それで名詞に對して形容詞が出來、動詞に對して副詞が出來、それから更に接續詞と云ふものが出來たので、接續詞などは餘ほど後に出來た贅澤品であります。所が贅澤品は誰でも使ひたいものと見えて、誰でも接續詞と云ふものを無暗に使ひたがる癖がある。殊に日本人の作る英文には Sentence の初に接續詞が必ずなければならぬものゝやうに用ひられてゐる。接續詞と云ふものはさう使はなければならぬものではない。But, Now, For, However, And を必ず一つ〳〵 Sentence の頭に入れるのは見苦しいものです。日本文でも近頃新聞記事が口語體になりました結果、「何々するが」とか、「何々したので」と云ふことを無暗に使ふ人が大變あります。甚だしきは「するからして」と云ふやうな言葉を連續して使ふ人が非常に有る。實にみつともない。接續詞と云ふものは出來るだけ使はない方が宜い。

間詞投、其次に代名詞、それから名詞、其處まで行きますれば、書くにしても話すにしても、大概の用は辨ずる。それに更に動詞と云ふものが加はれば、もう鬼に金棒で、是だけあればどう云ふ用でも大概辨じてしまうのである。お前のお父さんは家に居るかと云ふ時に Is your father at home? と正しく言ふは贅澤な話で、斯う長々と述べんでも、第一 your father の your がいらない。其人に向つて father と言へば大概親爺と云ふことが分る。それが分らないやうな不孝者は迚も論外である。又 at home と云ふことも餘計なものである。家にあると云ふならば in で father in? と斯う言へばそれで分る。もつと簡單なのは、親指を出して in? と斯う尻上りに言へばそれで分る。(笑聲)それは西洋では分らぬかも知れませぬけれども、日本では慥に分ります。或る子供が大變親爺に叱かられて、さうして家を飛出してしまつた。所がどうも家のことが氣になつて仕樣がない。そこで自分の弟が家に居るから、其奴に一つ親爺の樣子を聞いてやらうと思つて端書を出した。うつかり色々なことを書くと親爺が又怒るかも知れぬと云ふので、端書の中へ「？」を一つ書いて出した。まだ怒つてゐるかとの意である。弟の方もそれと察して、まだ怒つてるといふ意味を表はす爲に「！」一つ書いて送つたといふ話がある。是でも分るのです。

三、辭書の暗記

今一つ私が眞面目にやつて來たことがあります。元來外國語を學ぶ者は單語を出來るだけ多く知らなければならぬ。幾ら文章の組立方が分つて居りましても、又文法上の構造が分つて居りましても、言葉を澤山知らなければ色々な點で不便である。文を書くのに一々字引を引かなければならぬと云ふことは迚もその煩に堪へない。手紙一本書くにも、殆ど字引を引かなければ書けぬと云ふのでは困る。

その單語を覺える最良の方法として、私は字引の暗記をお勸めいたします。私が唯ゝ斯う申上たらそんな馬鹿なことが出來るかと仰せになるかも知れませぬが、私はそれに付てそのやり方を申上げたいと思ふ。先づ字引を暗記すると云ふと、何か字引をAの方から順々に暗記して書くやうに御考へになるか知れませぬが、是は到底出來ることではない。そんな馬鹿々々しいことは出來ない。私のはもつと馬鹿馬鹿しくない積りで居ります。それはどう云ふのであるかと云ふと、先づ字引を擇ぶ。私の使つたのは此字引です。(字引を示す)今日此字引をわざ〳〵本箱の中から引出して持つて來ましたが、私は此字引を、暗記に使つた爲に、元ありました布の表紙がちぎれてしまつて、さうして更に革の表紙を附換へて、其革の表紙が今將に摺切れやうとする位になつて居ります。此恰好の書物が丁度それをやるに非常に都合が宜いと思ひます。今日本に有ります部厚な字引は持ち惡くて都合がわるい。昔イーストレーキと云ふ人が字引を拵へた時分にあんな變な恰好を拵へてから字引はあゝ云ふ風でなければならぬと思つて、どんな字引でも細長い變な恰好の字引になつて居る。一昨年でありましたか藤岡勝二君の作つた英和辭書が初めて餘程是と似た恰好になつて居りますが、それより前に至誠堂で作りました井上さんの字引でも皆變な恰好になつて居る。私は至誠堂の主人に出會ひました時あんな字引は止めたらどうだ、持ち惡くて仕樣がない、ポケットにも這入らないし、風呂敷に包んでも困ると言ふと、あれでなければ賣れませぬと言つて居つた。私は賣れない筈はないと思ひますが、兎に角日本の字引は變な形に出來て居る。そこで暗記用の書物が定まりましたら、今度は先づ何處でも宜いから開いて見まして、さうして初めから順々に見て行く。見て行くと一寸知つた字がある。丸で一頁に一字も知らぬと云ふやうなことは滅多にない。大概知つた字がある。そこで順々に見て行きまして、知つた字が其處にあつたならば、知つた字には(ヽ)斯う云ふ印を附けて置く。例へば dog なら dog と云ふ字が出て其意味を知つて居れば、それに其印を附けて置く。所が dog と云ふ言葉が動詞に使はれることがある。それも知つた居るなら、さう云ふ時には(×)を附ける。若し名詞だけ知つて居るとか動詞だけ知つて居ると云ふ時には、唯ゝ一點だけ附けて置く。斯う云ふ風にする。此印を附けて行くのが先づ第一の遣方です。所が英語には Derivation と云ふものがありまして、或一つの言葉から出て來て、其言葉を知つて居れば當然知つて居るべき筈の言葉がある。それはまだ讀んだこともなく、習つたこともないけれども字引を見て居る中に其事が分る。譬へて申しますると、例の能く引合に出る言葉であるが incomprehensibility と云ふ言葉がある。中心の語根は prehend と云ふ言葉である。それに com と云ふ字を加へて comprehend となると、掴むとか、理解するとか、包含するとか云ふ意になる。是に in といふ打消を附ければ分らないと云ふことになる。其處へ ible 或は able と云ふ字を附けると何々すべきと云ふ言葉になる。incomprehensible で解すべからざると云ふことになる。comprehend と云ふ言葉は能く出て來る言葉であるが、其言葉を知つて居れば incomprehend も知るべき筈である。incomprehensible も知るべき筈である。incomprehensible を知れば、incomprehensibility と云ふのも知るべき筈である。唯、一つの言葉を知つて居れば、それから出た言葉は假令學んだことはなくても知つて居るべきであると云ふので、それへは矢張知つて居る方の印を附けるのである。それから次に字引を見て居りますと、變手古連な字が出て來る。是は直ぐ覺える。少し變な字で、學校で申上げるのは相濟まぬ言葉であるかも知れませぬが、例へば philtre と云ふ言葉がある。是は意味は諸君が御歸りになつて、字引を御覧になれば分ることでありますが、字引を引いて居る中に變な言葉だなあと云ふので直ぐ覺える。さう云ふ言葉がある。例へば shanghai と云ふ字がある。支那の上海と同じ字を書きまして、shanghaiing と云ふ動詞になる言葉がある。餘り斯う云ふ字を御覧になつた方はあるまいと思ひますが、字引に斯う云ふ珍しい字が出て來たとすると、それは何だらうかと思つて直ぐ覺えられる。それから日本語から來た言葉で moxa と云ふ字がある。お灸を据ゑる艾と云ふ日本語から來たのでせう。是は艾のことであると言へば直ぐ分る。所が moxibustion と云ふ字がある。moxa の語尾へ bustion（燃る事）を加へたので「灸」のことゝ直ぐ分る。さういふ處へ印を附けて行くと云ふやうにするのです。

そこでそれだけでは一向興味が無い。斯う云ふことをするのは唯、興味も何も無しに迚も出來ものではない。所が私が今是から述べやうとすることを諸君が御實行になれば、英語を勉強するに役に立つかどうかは知りませぬが、兎に角非常に興味がある。興味があつて殆ど止められぬ程面白くなつて來る。其方法を是から言はうと云ふのである。それはどう云ふのであるかと云ふと、字書に印をつけた時その頁へ日附を書き入れておくのです。例へば大正十三年八月十日にやつたならば、さう書いて置く。さうして――私が此字引を皆やるには何年掛つたか覺えて居りませぬが、兎に角十年以上掛つて居ると思ひます――、毎日一頁或は二頁位やる。其やる毎に頭に日附を附けて置く。それも順々にやつては面白くないから、手當り次第にやると云ふことに興味を持たなければならぬ。手當り任せにやつて、さうしてやつて見ると、どの頁も皆印を附けた所になつて來る。殊に興味を引くのはＵＮと云ふ所です。私はＵＮと云ふ所を見るのに殆ど四頁恐く印が附いて居る。ＵＮと云ふのはＵＮを取れば後の言葉は皆知つて居る言葉ばかり。斯う云ふ所は非常にやつて居つて愉快を感ずる。諸君がおやりになつても、恐くＵＮと云ふ所は大概知つて居る言葉だらうと思ふ。さう云ふ風にして頭に日附を附けて置いて、暇さへあれば之を毎日やる。強いて新しい言葉を覺えやうとしないが宜しい。言葉を知らうと思ふと一寸字引を見ただけでは忘れてしまうものです。唯、自分が非常に手掛りの附きやすい、珍しい面白い言葉と云ふやうな、是ならば覺えられると云ふ言葉だけ覺えて、印を附けて行く。斯う云ふ風にして此字引全體の頁の上に日附が悉く附ました時に今度は何處でも構はず開いて見る。開いて見て、前と同じやうに一語〳〵繰返してやつて見る。繰返してやつて見ますと前にやつてから今度やるまでに、必ず自分の知つて言葉が多くなつてゐる。其處が樂みなのです。殊に年月が長く隔つて居れば居るほど、多くなつた數が多い。斯うして殖ゑた言葉があればプラス幾つと云ふことを書いて置く。萬一にも減つて居ればマイナス幾つと云ふことを書いて置く。さう云ふ風にしますと、字引を開いて見て、其處に印が附いて居るや否やを見て、斯う云ふ字は此時には知らなかつたが今では皆知つて居るではないか、それでは此處に印を附けて見やうと云ふので非常に面白くなつて來る。私共には斯うして開いて見ますと、其時分知つて居つて、今忘れて居る言葉の方が多いけれども、あなた方のやうな年少氣鋭の時代には開く毎に殖えて居る。さうなれば非常に興味があるのであります。私は總ての興味は段々と進んで行くと云ふ所にあると思ふ。字引を暗記すると云ふやうなことは、一見非常にむづかしい事のやうに考へますけれども、印を附けて置いて、さうして時々引繰返して見ては、前に印を附けた時より餘計知つて居るやうになつたか、或は少くなつて來たかと云ふやうなことを見る所に大變な興味があるやうに思ふ。尠くとも私は非常の興味を以て之をやつたことを記憶して居ります。

私が斯う云ふ席で、諸先生方の驥尾に附して講演を致すと云ふことは、洵に恐入つた次第であるとは思つて居りますが。唯、併し前にも申しましたやうに、平生非常に敬服して居ります村井先生の御建てになりました學校の講演會と云ふことに、非常の興味を以てこの演壇に立つたのであります。何故私がさう云ふことに興味をもつて來たかと言ひますと、凡そ漢學者には漢學者の風があり、英學者には英學者の風がある。漢學者に宜い所も惡い所もあれば、英學者にも宜い所も惡い所もある。所がどうも英學者と云ふ者の中には一種の臭味がある。漢學者の中にも一種の臭味がありますけれども、英學者程臭くない。どう云ふ臭味があるかと云ふと、どうもこんな臭味だと云ふことを諸君に御覽に入れる譯に行きませぬが、一種の臭味がある。殊に學校でも經營しやうとか云ふやうな英學者には、堪ふべからざる臭味があるやうに感ずる。所が村井先生はさう云ふ點に於ては、まるで臭味の無い方である。さう云ふ臭味の無い英學者が東京の市中で或一つの語學校を拵へると云ふことは、唯ゝ村井先生の一つの事業として祝福するのみならず、實に日本の英語界の喜びであると存じます。さういふ上から私は私の此學校の開校に對する喜びを表する所以の一つとしてこの講演を敢てした次第でありま す。甚だ詰らぬことばかり申上げて、徒に諸君の御笑を買つたに過ぎないことを深く謝する次第であります。

HOW TO LEARN ENGLISH

井上十吉

HOW TO LEARN ENGLISH

私は今日まで講演と云ふことは一度もやつたことはありませんが、先日岡田君から學生のため何か英語の研究に就て講演をして呉れといふ御依頼がありましたので參りました次第であります。甚だ辨で申すことも詰らないことで諸君に大した參考にはならぬとは思ひますがどうぞ暫時御清聽を願ひます。

英語の研究をするに、大抵は御承知の通り會話、それから作文、譯讀と三つに分れてありますが、會話に就て先に一寸御話し致します。會話をやるには外國人に就かなければいけないと大抵の人は思うて居られますが、それは尤もでございませう。併し外國人でも日本に長く居て、日本語に馴れて居るとか、日本人の發音に馴れて居る人では餘り役に立たないと思ひます。まるで日本のことを知らない外國人に就て習ふのが一番宜しうございませう、けれども、さういふ外國人は數も多くなく、また必ず敎へて呉れると極つてゐる譯でもないのですから、皆の人にさう云ふことをやれと言つたところで出來ないことですから、是は仕方がないのですが、斯うしなければ會話を覺えることは必ずしも出來ないと云ふ譯ではない。兎も角會話を習つてから流暢にやれるまでには、多少の準備が要るのであります。其準備はどう云ふものであるかと言へば、色々ありますが、第一に發音を正確にしなければならないのであります。發音と云ふものは初學者には一番六ケしいものであつて、第一文字の發音からして初學者には六ケしいのです。例へばlとかfとかthとかrのやうな發音は中々骨が折れるので、殊に初學者の餘り念頭に置かないのは語尾の子音で、例へば(cap)キャップとか(rat)ラットとか(fresh)フレッシユとかの讀方を聽きますと、初の中はキャップならキャップと云ふ音を出しますがそれではいけないので、それをブと言はない中に止めるやうにするので、さう云ふ發音の、こゝを、はつきり習はなければならないと思ひます。

それから第二にはアクセントが正確でなければならないのであります。さうでないと音を出してもまるで字が分らない。アクセントの方が正確であれば後は曖昧であつても構ひません。西洋人が英語などを習ふのは大抵アクセントから覺えて行つて、後の音は明瞭にしなくても分るやうにしてやる。特に曖昧な音、例へば(understand)アンダスタンドならアンダスタンドのアンドと云ふのははつきりしなくても、アクセントさへ明瞭になつて居れば宜いやうになつてゐるので、ジョーンズのフオネチツクの發音辭書などを見ますと曖昧の音は大抵 əになつてゐますが gentleman を(チエントルマン)でもなければチエントルムンでないけれどもmen と書いてあるのでマンと發音するものもあるが、斯ういふ曖昧な音は決つた音があるのではない。アと云ふ音は a だか er だか分らない。a などは i と書いてあるけれども、實際の音はアとエの間の音である、さう云ふやうな細かいことを習はなければ發音は充分に出來ないのであります。それから又發音ばかりでなく、語の方も發音が非常に區々《マチマチ》で、殆ど同じ綴りであつても發音が違ふのがある。例へば笑ふと云ふ laugh(ラーフ)に其名詞が laughter(ラーフタ)となる。今度は其 laughter の前に s を附ければ slaughter (スローター) になつて (殺す) と云ふことになる。さう云ふやうに發音がまるで違ふのであつて、一々習はなければならない。さうですから、字を覺える事の外に別に發音を覺えなければならないやうな譯になつて居る。是は何故斯う云ふ風になつて居るかと云ふと、昔、四五百年前までの英吉利では語は發音通りに綴つたものであつて、其人の發音が違へば綴方も違つて居つたのである。例へばシャルと云ふ字ならば shal と書く人があつたり、shalle と書く人があつたり、人に依つて綴方が違つて居つた。それが十六世紀の初めに印刷が始つてから、斯う云ふ風に皆區々になつては困るからといふので、印刷所で統一することに決めて一旦統一したのですが、其後又其儘になつて、今度は字は變らないけれども、段々に發音が變つて來た。そればかりでなく、語源が斯うであるとか、あゝであると云ふので、語の綴りを變へたりしてそれで發音が全然變つて來た。私は四五十年前に英國に居ましたが、其時から見ても發音が違つたのがある。ヂョーンズの發音辭書を見ますと五十年前に英國に普通發音して居つたものが今になつては第二第三の發音になつて普通の發音に這入つて居ない字が隨分あります。例へば倫敦の地名で私の居つた時にはチエヤリングクロースと云つたのが、チヤーリンクロースと云つて、チエヤリングクロースは第二の發音として置かれるやうになつた。

斯う云ふ風に段々發音が變る。其傾向と云ふものは成るだけ發音は短かくしやうと云ふのであつて、以前から見ると段々發音の仕方が粗略《ゾンザイ》になつて來て居る。つひ二三ヶ月前でしたが、英國の文豪バーナドショーと云ふ人が言つたことがありますが、其人の云ふのも是と同じことを云つて居るやうです。例へば近代 modern

と云ふ字が以前はモダーンと引張つて言つたが今ではaを短かくしてモダンと云ふ、だからもう少し先になつたら一節音になつてモドンとなるだらうと云つて居るのです。斯ういふ風に段々短かくなつて來る。又garden庭と云ふ語も二節音であるけれども今ではガードンと云つて一節音になつて居る、かう云ふ風に段々發音が粗略になつて來た。それで斯う云ふ風に發音と語が變つては困るから一層のこと語を發音の通りに直してはどうかと云ふ說も起りまして、先年亞米利加の紐育でこの遣り方が出來てやつて見たのですが、どうも亞米利加は御承知の通り廣い國だから亞米利加の東部の紐育邊りと、亞米利加の中部の市俄古邊り、桑港邊りの西部の方とは發音が違つて居り、今でも東部と西部とは餘程發音が違つて居る位で、英吉利では倫敦と云ふ首府があつて其倫敦語を標準語として居るけれども亞米利加では首府と云ふのは華盛頓で何處の州にも附かないやうに便宜上小さな首府を置いてあるのです。だから首府でない紐育とか市俄古とか、桑港とか、中部西部の方では紐育語を標準と認めるものはない、それ故折角の案も徒勞に屬してしまつたのであります。それから又ジョーンズのフォネチックで書いてはどうかと云ふ説もありましたが、是も亦不可能な話でありまして、字を皆ホネチックで直すと迚も讀むことは出來ない。一體本などを讀む時には、一々字を讀むのでは無く目を通して讀むのですからホネックで本を讀む事は出來ないのであります。ホネチックで書いたものを讀むのは、日本語を羅馬字で書いたやうなもので、我々が羅馬字の日本文を讀むとき難かしい字があると一々この漢字はどう書いてあるかと云ふことを想像しなければ分らない字が隨分ありますが、丁度ホネチックで書けばそれと同じやうなものになるので、迚も實用に供することは出來ない。それから又昔の是迄の英語では三四百年前の大家の文などは迚も讀むことが出來なくなる。何故かと云ふと、昔のは綴りが變つて居るから、文は殘つて居て分つて居るけれども發音は今では分らない。さうするとそれをホネチックに直すことは出來ない。迚もホネチックを用ひて今の英國の語を改良するといふことは出來ない相談であるので、不完全の儘發音を習ふより他に方法がないのであります。

其次にコンヴアセーションをやるに注意すべきことを申しますが、英語にはかういふ語はありませぬが、佛蘭西で之をリエイゾンと言つてゐる語があります。其は何であるかといふと、話す語と語との間にコネクションをつけることで、例へば He is a boy といふときに He, is, a, と云ふ樣に一語一語きつていふのでなく He isa（ヒーザ）とくつゝけてしまふ。It is a は It isa（イツテイザ）と云ふ樣に語の發音をくつゝけるのである。是は大した六ケしいことではないのですが、是も話をする時に氣を附けてやらないと此方の言ふことも先方に通じないし、先方の話すことも全く解らない。何でもない樣であるが話したり讀んだりする時にその注意が要るのである。それから其次にもう一つ必要な事は、話をするときに字に重きを置くことである。詞といふものは重きを置かれた語によつて餘程意味が違つて來ます。

例へば初學者が朝御互ひに會ふ時には Good morning. と云つて居る。グッドモーニングとグッドに力を入れて云ふ。此では遇つた挨拶か別れを告げるのだか何だか分らない。初めて朝會ふ時「お早う」と云ふのは、モーニングの方にアクセントを附けてグッドの方は殆んど聞えないやうに言はなければならぬので、グッドを云はずモーニングと云ふこともある。所が朝別れる時にはグッドの方にアクセントを付けてモーニングを輕く言ふ、夕方になれば會ふ時にはグッドイーヴニングとイーヴに力を入れ、別れる時にはグッドイーヴニングとグッドに力を入れる、斯う云ふ風に字に强味を付けて言ふので、言ひ方に依つて意味が甚だ違ふのでありま す。今一つ例を言ふと Who is your friend?（お前の友達は誰か）と云ふ時に、それは强勢のあり場所に依つて意味が變つて行く、例へばお前の友達は一體誰かと云ふ場合にはフーに力を入れて *Who* is your friend? と云ふ、それから Who がサブジエクトになつて friend がコムプリメンとなつて居る時に誰がお前の友達かと云ふ意味の時には、イズにアクセントを付けて Who *is* your friend. といふ。斯う云ふ風に強味の置き所に依つて意味が違ふから、文章ならば前後に於て意味が分るけれども、話をする時には此センテンスの力を入れる場所に依つてそれぞ意味が少しつゝでも違ふのであるから、餘程氣を付けて言はなければならぬのである。

それから第三に會話に必要なのは英語の俗語である。是も非常に必要なものであつて、英語の普通語と俗語とは恰も日本で云ふ文語と口語に相當するが、英語にはそれ程の懸隔はありませんけれども、兎に角多少は違ふ、その點にも餘程氣を付けなければならぬ。又文法の規則に適つてさへ居ればどんな語を使つても宜しいかと云ふと、決してさうではないので、言葉の使ひ方は餘程難かしいものである。例へば Who are you?(お前は誰か)と云ふ文で少しも文法に誤りがない。ところが或る時、外務省で玄關番が外國人に向つて Who are you? と言つて叱られた事がありました。一體玄關の取次人が Who are you? と言ふことは失禮なことで、言ふべきものではないのであります、何故かと云へば、取次人が訪問の人に名を聞く必要は無いので、主人に名を言へば宜いのである。さう云ふ時には「何と云ふ御名前を私は取次ぎませうか」と言つて名前を取次ぎさへすれば宜いのである。What name sir?（何と云ふお名前ですか）の意でいへばよいである。それから又何處か途中で誰かに會つて先方が口を聞いた時に、もしその人名を知らない場合には　Who are you?　とは滅多に言ひません。Whom have I the honour（又は pleasure) of addressing?「何方に私は御挨拶をして居る名譽を持つ」とか「愉快を持つ」とか云ふ樣に極く圓滿に云はなければならぬ、それから又御互に話をして居る時には餘り明ら樣に卽ち腹に思つたまゝを言つてはいけないのであります。日本ですが、ではよく人の話を聞いて居るとき、（そりや嘘だ）と云ふことを言ひま斯う云ふことは一寸した語ではあるが飛んだ誤解を招く種子となることがあります。二十年程前に佛蘭西に居たの外交官が言つた事がある。ある時外國人が來て色々話をして居る時に、（そんな事はありますまい）と云ふ意味で（お前は嘘を吐く）と言つたところが、それを聞くと外國人は非常に怒つて決鬪を申込まうとした。ところがその日本人は相手を侮辱したと云ふ考へは少しもないのであるから、平氣で笑つて居るので、仕舞には其儘になつてしまつたのですが、さう云ふ事もあるから言葉に氣を付けて言はなければならないのであります。さう云ふ時に外國ではお前は嘘を吐くと云ふことは決して言はない。餘程懇意の中でなければ言はない。I am afraid（又は believe）you are mistaken（恐らくはあなたは間違つて居るだらう）と斯う言はなければならない。日本語で云つてもお考へ違ひでせうとか、或は御冗談でせうとか、婉曲に言はなければならないのである。又英語では敬語が少ないものだから、目上でも何でも同じ話を使ふやうに思はれるけれども、決してさうではないので、日本のやうに（まします）と云ふやうな語はないが、その代りに其前に please（プリーズ）とか pleasure（プレジヤ）とか云ふやうな敬語を入れて敬意を表するのでありますそれも餘程氣を付けてやらないと敬語でなくなつて、飛んが間違を來す樣になるし、また餘り露骨であつてもいけない。諸君が會話をやるには此四つを十分に理解研究して行けば會話を習ふことはさ程に困難はないと思ふ。

第二は作文に就て申しますが作文といふものは第一に文法を知ることが必要でありますか。然し吾々日本人は文法を知つて居ることが必要でありますが、英國人などはもう子供の時から話も出來るし本なども讀んで、習慣で英語の語法を知つて居るのですから、文法も自然知るやうになるのです。それで別段文法を細かくやる必要がない。文法をやらなくても相當書けるやうになるし、又敎育のあるものは英文法などを餘り深くやる機會がない。其代りに羅典とかグリーキとか佛語をやつて居る者が多い。然し文法と云ふものはどう云ふものかと云ふことは大體習慣で知つて居りますから、文法を知らなくても十分間に合ふのである。そうですからよく日本人が英國人や米國人に難かしい文法の問題を質問したりすると、向ふが知らないものだから、丸きり文法を知らないと思つて馬鹿にして掛る人がありますが、それは大きな誤解で、向ふではさう詳しく知る必要がないので、習慣的にやつて居るから質問されると一寸間誤付くのである。外國語を習ふ時に文法の必要があると云ふのは我々のやうな外國人が今言つたやうな英米國人の如く經驗を得ることは中々出來ないから、其代り文法をやるので、外人が外國語としての文法は無論必要なのである。殊に作文には必要である。だが一寸注意して頂きたいのは、文法さへ知つて居れば作文が出來ると云ふやうな考へを起す人があるとすればそれは大邊な間違であります。決してさういふものではないと思ふ。勿論吾吾は、文法を知つて初めて書くことが出來るので、文法に間違がなくなつて文章と云ふものが書けるのである。であるから或人は文法上の間違がないと云つて餘程得意の積りで言ふけれどもそれは當り前のことで、文法上の間違ひがある時にはそれは文章とは云へない。それだから文法を知つて文法を間違ひの無いやうに書けるやうにならなければならぬ。それから作文に就て一番困難な點と云ふのは、適當な語とか適當な文を擇ぶのにあつて、文法が許す所のセンテンスの中で、自分が書いて居る場合に一番適當な語やセンテンスを擇ぶのが文章を作る上に一番難かしい所である。例へば類語が澤山ある。其中から適當な語を擇ぶのは中々六ケしい。同じ類語であつても二つのものがすつかり同じと云ふことはない事であつて、二つの中何處でも何方を使つても宜いと云ふ場合は滅多にない事であります。センテンスもさうであつて文法が許すセンテンスが澤山あつて其中から適當なのを擇ばなければならぬ。それから又會話の話に於て言つた樣にセンテンスに於ても強く言ふ所が作文に於ても必要である。併し話をして居る時は聲を強くして言ふことが出來ますけれども、センテンスの方は聲で定めることが出來ない。字の順序を變へなければならぬ。文法上の字の順序では subject サブジエクトを一番先に置く、次に動詞が來る object オブジックトが其次に來ると云ふ順序は定つて居りますから、順の變つたのを見れば何處が中心であり何處を强めてゐるのかは直ぐ分る。例へば極く簡單な例を取つて見ますれば I am going out to-day.（私は今日出掛ける）と云ふのは普通の書き方であります。所が之を顚倒して To-day I am going out. と云ふと、（今日私は出掛ける）と云ふことになる。今日は私は出掛けると云ふと是は結局昨日とか明日とかは内に居ると云ふので、昨日内に居つて今日は出掛ける、明日内に居る積りだが今日は出掛ける、と云ふ意味のときには一番終りになければならぬ to-day が一番先に來るのである。もう一つ例を擧げると

（どうせ死ぬなら一緒に死なう）と云ふやうな文を普通に譯すとると

If we must die, let us die together.

（我々が死ななければならぬならば一緒に死なう）、となる。die と云ふのは後へ付いては意味が弱いのであるから、もし死と云ふ字を强めやうと思へば其順を變

へなければならぬ。さうすると

If die we must, let us die together.

と die を先に付けて書かねばならぬ。要するに普通の順序を變へて行くのは文章を強める爲めか、或語を強める爲めに書くのであります。處が英語では inflection (語尾の變化など)が割に少ないので、或る語や句などを强めるために語の配列や句の配列を置き換えたりするときには、餘程うまくやらないととんだ間違を來す恐れがあるのです。ラテン語や希臘語などになると、英語とは恰で違ひまして、名詞代名詞には case, number, 形容詞では case, number, gender, 動詞では person, number, tense, mood, voice, にそれぞれ inflection があるから、文中の語の順が何んなになつてゐても意味は分るのであります。それが英語では、旨く順を變へなければ意味の解らないことがある。例へば、James has Thomas killed といふ文を見ると、James が Thomas を殺したのか、Thomas が James を殺したのか、どちらの意味にも取られる英語では object を先に持つて來れば其次に動詞が來るのは當り前ですから、Thomas が James を殺したと云ふやうに取れる、又 James を subject にして James が Thomas を殺したともとれる。此は英語の名詞に inflection が少いから不明になるのであつて、ラテン語とかグリーキのやうに語尾の變る語とは恰で違ひます。又前に言つた通り、類語が皆違つて同じ意味の類語と云ふものはないのですから、それと同じやうに文法に依る所のセンテスも皆大體同じであつても、精密に見ればどれも多少違つて居るのであつて、同じものと云ふものは殆んどないのである。それですからよく學校では和文を英譯する時に、斯うも書ける斯うも書けると云つて、色々書き方を示しますけれども、初學の中はそれでもようございますが、文章の書き樣でそれに依つて多少意味が違ふのですから、意味が違ふのをよく說明して何處はどう云ふ所に使ふ、こゝは斯ういふ風に意味が違ふ、と云ふことを說明しなければ、本當の文章は分らない。それで結局文法の許す文章の中から適當な文を擇ぶのが作文の一番難かしい事であります。それですから文法をすつかりやつて置くことが作文には必要なことであります。卽ち文法をやつた上に、文法の誤りでない文章を書けるやうになつて初めて作文と云ふものは出來るものであつて、決してよく人の云ふやうに文法を知つてさへ居れば何でも出來ると云ふことは無い。

文を作るには又修辭學をやり、修辭學の上に又多く本を讀まなければならぬ。修辭學と云ふのは文章構成の方法だけを敎へるので、其以上は自分で本を讀まなければ知る事は出來ない。今の學校などはもう少し修辭學を敎へれば宜いと思うて居るのです。修辭學で最も肝要なことは、文章と云ふものを成べく簡單にして分明にする、卽ち、自分の言はんとすることを成るべく簡單に、正確に、しかも成るべく分明《ハツキリ》書くことであります。近頃では文章に idiom が這入つて居なければ文章にならないと云ふことを考へて居る人も可なりありますけれども、それは間違で居ると思ふ。idiom と云ふものは止むを得ない時に書き入れるものであつて、極く

simple な sentence で濟めばそれに越したことはない。餘り idiom があり過ぎると文章が讀み難くごくごくしいものになつて仕舞ふ。尤も、極めて simple にかけと云ふのは、simple に書いて文章に mistake がないとか、的確に書いてあると云ふ場合をいふので、simple でも意味が不明になつたり、誤解されるやうに書いたのでは矢張いけないことは勿論である。が然し、simple な sentence を書くと是は日本文の英語とか云つて批難する人がありますが、それは私は間違ひだと思ふ。文章と云ふものは成るたけ simple に書かなければならぬのである。和文を英譯すると云ふことは非常に困難なものであつて、一寸英語に直せばそれで宜いと云ふ短文ならばそれで宜いかも知れませんけれども、長いものになると非常に難かしい、第一公文などは形式と云ふものがあり、形式通りにやつた上に上手な飜譯を書かうとするよりも譯語がぴつたり合つて居るやうにしなければならぬ。例へば日本の漢字を譯すときにそれに適した英語を書いたのではいけない。社交上の禮儀も斟酌しなければならぬ。其通り書いた場合には外交上のことですから、ちよつとした語のために外國の誤解を受けることがよくありますから、外交上の文と云ふものは其點に於て非常に難かしいものである。exact な、的確な translation にしなければならぬ故に、其 translation は bookish English になる事もある、それはどうも仕方ない。English に直す爲めに若しも誤解が起つては大變な事だと云ふので、文が完全でないと云ふことを知りながら外國に出すと云ふやうな事がよくある。此の如く飜譯は非常に難かしいもので、短かいものは宜しいが、長いものを譯するのは非常に難かしい。或外國人は日本文に限らず、飜譯と云ふものは原著者よりも才がなければ本當の飜譯は出來ないと云つて居りますが、或はさうかも知れませぬ。それはさうでせう。佛蘭西語とか獨逸語とかは英語に近寄つて居りあれだけ類似して居る語から英語に譯したものであるが、それでもすつかり似て居ると云ふことはない。餘程違つて居る所もあるであるから、尙更日本語のやうに英語と少しも関係のない、似た所のないものを譯するのは困難なものであつて、之を英人か或は米人が譯するのと日本人が譯するのとは餘程違ふ。英人が譯すると何か日本語で變つた所があると直譯にしてやる。直譯して英語になつて居なくても誰も何とも思はぬのであります。處が日本人が日本語を譯して英米人に見て貰ふと十分に英語を知らない癖にこんな事をやるかと云ふ氣を起し、日本文に書いてある處を讀まずに、却つて、恰で關係のないやうな英語を入れたりする事があります。それだから英語で日本人が譯したものを、日本の事情を知らない外人に直して貰つたりする時に非常な間違が起ることがある。又氣を付けなければならぬ事は、日本の古い文章を譯するには、成べく其時代の語に譯さなければならないのであるが、斯ういふ古い文を現代の最近の語に譯すると餘程變な語になる事がある。斯の如く、作文又は飜譯と云ふものは隨分難かしいもので容易なものでないのであります。

それから次にリイディングの事を御話ししませう。譯讀は、本を成べく餘計讀む方が宜い。讀む本も英語の文學を本當にやらうと思ふ人は、古い本も讀まなければならぬ。古いと云ふのはシェークスピア以後の本を充分讀まなければならぬが、又一方から云へば現代の文章も讀まなければならぬ。現代の中で一番必要と思ふのは、却つて有名な著書よりも新聞とか雜誌とかゞ宜い。さう云ふやうなものを讀んで居ると最近の米國とか英國で使ふ語が分る。最近使はれてゐる一つの例をいへば、That is that（それはそれである）と云ふ詞である。それだけでは分らないが、それはどう云ふ意味に使ふかと云ふと、例へば何か殺人罪でもあつて誰か嫌疑者になつて居る人があれば、其人は其殺人のあつた時に現場には居なかつたと云ふ證據が擧れば其嫌疑は晴れてしまふ。さう云ふ時に、（もうそれで其事は濟んだ）、（今の嫌疑は晴れたので此事件に對する嫌疑はそれで晴れた）、と云ふ風に其事はそれで濟んだと云ふ樣に使はれる詞で、斯ういふ文又は句は最近の雜誌を讀んで居ると分る。本を讀むには成だけ叮嚀に讀んで見る。速く讀む事は別に良いことでない。其本もどう云ふ本が良いかと云ふと今子供の本として讀んで居る本でも餘程讀む價値のある本が隨分ある。例へばロビンソンクルーソーなどは子供の本としては中學を出た人は馬鹿にして居るけれども、あれは決して子供の爲めに出來たものではない。デフォーは有名な著者であつたので。あの人の書いたのは極く細かく書いてある所が有名なのです。大きくなつても讀む價値のある本であります。又スヰフトのガリヷアズトラヷエルズも、子供の本のやうに思はれるけれども、スヰフトと云ふ人は子供の爲めに書くと云ふ人ではない。アヤランドでデイーンと云ふ僧正に次く僧官であつて、自分が僧正になり得なかつたと云ふことを非常に恨んで、自分と同時代の人を諷刺した小説なのですから、決して子供の爲めに書いたのではない。小人國とか大人國にはあの頃の有名な人が澤山這入つて居る。それから又ラピユータのやうなものは科學者を諷刺したものであつて、殊にあの時には、英國では有名なニユートンが出て、あの人が其時には造幣局長であつて、それまで英國には補助貨幣がなかつた。それでニユートンが補助貨幣がなければいけないと云ふことを言ひ出して到頭補助貨幣を造るやうになつた。所がスヰフトは補助貨幣を造つてはどんな贋造が出來るか分らぬから、そんな物はいけないと云つて頻りに反對した。ところが政府ではニユートンが學者であるから、ニユートンの說を採つた、それでスウヰフトが總ての科學者を恨んでガリヷアズトラヴエルズ中にラピユータと云ふ部を書いたのであります。さう云ふ風に諷刺小說として讀むべきであつてあれは實際子供の爲めに出來た本ではない、それからドンキホーテもさうであつて、子供の爲めに出來たのではない。あれは年を取つて讀む程面白くなつて非常に可哀相な悲しい所が多いので、英國ではドンキホーテは滑稽な本ではない、悲しい本であると云ふ說が行はれて居る位である。其他色々な本があるけれども今後又お目に懸る機會があつた時に詳しいことをお話し致しませう、餘り長くなりますから今日は是でとめて置きます。(終)

英語發音の科學的研究

小林光茂

英語發音の科學的研究

發音研究は自分の道樂です。シャイロックの言種では無いが、これは私の物好きといふもので、金に成らない研究で貧乏から貧乏を仕拔きましても止められ無かつた。或時は高利貸から借りた金に對して色々不足を言ふた爲めに、猫の死骸でも片付ける氣かと言ひながら火箸で毆られた事もあつた。さう云ふ樣な事があつても此研究に對する執着心は決して私の頭から去らなかつた、村井先生などはよく御承知であるが、私の生涯程恥かしい醜くい生涯はないので、隨分放埓な生涯を送りました。其の間に一つ捉まへて放さなんだものは此の發音の研究であつたのです、今日圖らずも斯う云ふ盛んな會に於て諸君の前に一場の講演をすると云ふことは私にとつて大なる光榮であります。

小林光茂

英語で書いた發音に關する書物はどうか斯うか一通り眼を通しましたから、日本に於ける英語發音の敎授は何處までは米國式、何處までは英國式、又其英國式を南部北部とに分け兩方に跨つてどう云ふ風に英語の發音を敎へたら宜いかと云ふ點に就いては、隨分久しく頭を苦しめて居つたのであります。曾て一度も發表はしませんでしたが竊かにさう云ふ點に頭を苦しめて居つたは事實です、所が世界敎育大會に出席しましたために到頭今日まで發表の時機を後らして仕舞ひました、さてどう云ふ動機で世界敎育大會に行くやうになつたかと云ふお尋ねがあれば申上げますけれども、先づ我々日本人が英語の發音を硏究するには日本の五十音が豫備智識であるから、どうかして日本の發音を硏究したいと思ひ數年間其の硏究をしたのです、而して漸く得た所のものを文部省へ持つて行つて、當局の方にお目に掛けたといふのは丁度敎育大會に行くといふことが定まつた二週間前の事でした、當時保科先生は國語調査會の主幹をして居られたのですが、私の五十音硏究を御覽下つて、世界敎育大會の席上に於いて之れを發表したら宜からうと云ふ御意見を承つたのでありました、それが動機になつて遂に同大會の方へ出たのであります、尙これについて精しくお話をすると長い時間を取られますから、是れだけに止めて置きます。

今朝お話することは英語發音の科學的訓練法でありまして、英語の發音が良い惡いと云ふことをよく世間で申しますが、實際英語の發音の良い惡いではなくて、音聲其物の素質の良い惡いに大分關係して居る點があると思ひます、私は其の事を特別に力を入れて皆樣の頭に刻んで戴きたい、英語發音と云ふもの夫れ自身よりも音聲夫れ自身をもつと改良しなければならぬ。もつと訓練しなければならぬと思ふのです。音聲の訓練と云ふことは一體どう云ふ風なことを意味するかと云ふと、此氣息を聲に化する分量を餘計にしなければならぬのです。

我々は非常な不經濟の聲の使ひ方をして居りまして、聲と氣息とを一諸に出して居る、それが爲め發音の明瞭を缺く事が多い、聲と云ふものは詰り聲帶の振動と口腔内の共鳴と此二つの原因で氣息を聲に化するのである、聲樂をなさる方が息を澤山吸ひさへすれば音量が殖へ良い聲が出るなんて、若し考へて居られたら恐らくそれより大きな誤解はありますまい、音樂者の聲に用ひる呼氣の分量は誠に僅かなものです、唯息が悉く聲になつて居るからよく響くのである。息を聲に化すると云ふことを私は力說したいのです、試みに餘り話したくない時、卽ち自分が氣乘りのせぬ時に話をする場合を顧て御覽なさい、腦の命令が充分に喉頭に來ないから聲帶が思ふ樣に緊張しません、緊張しないから隨つて聲門が開いて居ります、聲門が開いて居ると息がズン〳〵出るのです、息と聲とが交つて出るから氣のない話になつて了ふのです氣のない話は聽いてよく解らない、殊に電話にでも掛つてお話する時分に本當に氣の乘りのせぬ話といふものは誠に通じが惡い。其處で聲の榮養はどうしたら宜いかと云へば、一つは聲帶の緊張と云ふことによく注意するのが肝腎です、聲帶が弛んで居れば今申した通り聲門は開いて居ります、けれどこれが緊張して居れば聲門は閉ぢます、其處を氣息が突破して來れば其の力で聲帶がブル〳〵振へるのです、其の振動を發しさえすれば息が聲に變するわけです、聲とは聲帶の振動音を謂ふのです、電車の車掌さんが車掌になりたての時には聲が一向通じませんが、段々馴れて來ると純粹の聲を揮つて話す様になるからよく響きます、貞山などゝ云ふ人の讀物を聞いて見ると如何にも聲が純美です、どうしてあゝ云ふ聲が出るかと云へば、私共は非常に不經濟な聲の使ひ方をして、聲で話すべき音を息と聲と交ぜこぜにして話して居りますのに、あの人達は其の言ふことが悉く聲なのである、發音のよい惡いと云ふ事は大分さう云ふ事に關係する。聲帶の振動に添へてもう一つ大切な事があります、それは共鳴といふことです、共鳴させる所の個處は或喉頭なり、或は口腔內なり、或は胸廓なり、色々あります、殊にモルガニー竇、蝴蝶竇、前頭竇など聲を反響させ共鳴させることを專門にする空洞が幾つもある、そう云ふ所の共鳴腔の使ひ方が肝腎である、聲の榮養と云ふ事は先づ此の二つの方面で致すのであります、聲帶を思ふ樣に緊張させることゝ、聲を適當に導いて行つて共鳴を盛んならしむることである。

以上申上げたことは聲其の物の質を改良することであります、是れから愈〻英語の發音の事に這入つて行きます、此の學校の名稱は中々難かしい發音だと私は思ひます。

The first School of Foreign Languages.

今之れを例として英語の發音の科學的訓練法と云ふことを申上げて見たい、此の中でどう云ふ發音が我々日本人に不得手であるか、又我々はどういふ發音に對して不注意でゐるかと云ふことを申上げて見たい、皆さんの中の或る方は th の發音、或る方は er 音、或方は l 音と色々御意見が違ふかと思ひますが、併し此の th, l, er, の發音などは長い間隨分よく訓練されて居るから餘程馴れて參りましたやうですが、まだ餘り訓練が行き屆かない點がある樣に思ふ、それは school のうちにある oo, (u:) といふ發音です、英語の u: といふ發音を玆に使ひます。

First school これが注意すべき點の一です、例へば鳩が coo と鳴くと云ふのをクー〳〵と邦語の音で敎へれば通じない、鳩はそんな風に鳴きはしない coo, (u:) と鳴くのである、それからもう一つ language のうちにある、ge の發音です「イ」音附がせずに「ヂ」を出すことです、是等の音を私はどんな風に敎へるかと云ふことを申述べたいのであります。私は斯ふ云ふ事を單に口移しのやうに th, er, oo, ge は云々とこんな風に敎へたくない、發音機關の位置と運動を示して敎へたいのである、母韻に就いても a, e, i と一々切り離して個々音を示すと同時に個々を繫ぐ連鎖に練熟させたいのである、例へば電車に乘る時、起點と終點が明かでないと不安に感じられる、下谷坂本なら坂本、日比谷三田なら三田と云ふ風に始まり出る時から終點までが分つてゐると大變電車に乘つても安心して乘れる、たとへ適當な處へ乘り下りが出來るにしても、其の終點と起點を明に知ると云ふことは必要なことである、それと同じ樣に母韻の發音も何を標準として舌の上下動、前後動を始めるか、初驛とおしまひの驛とがチャンと明らかになつて居れば、途中の乘り降りもはつきりする、此の母音のグライディングと云ふべき漸次的變轉の工合を練習する必要がある。

さうすればこれは日本の「ア」だから英のa音にはどれ程の隔りがある、あれは佛の「i」だから日本の「イ」は此の隣り驛だと云ふ樣に理解が出來る、から云ふ訓練はどうしても必要だと思ひます、子音を發音するにしてもさうです。個々の發音と共に個々を繫ぐ關係の知識を養はねばなりませぬ。例へばk, g, ng, t, d, n, p, b, m の關係は忘れたくとも到底忘れ得ぬ程深刻に學びたいのです。此點に於いて萬國發音協會の制定に係る記號でもまだ滿足しませんが。先づ當分これを利用して、子音の音素を研究せねばならぬと思ふ。

（講師は廿五の音素につき母音を抜きにした發音を唱ふ）

斯う云ふ風な子音の練習をよくしさへすれば何處に行つても、是れで宜いのだから、子音の如きは千篇一律此の通りで宜いのです。自分は斯うやつて數十年來自分の發音を矯正してゐる。而して六拾歳の今日青年時代よりも英語の發音は、精練されてゐることを自覺してゐます。英米人を頼んで來て發音を批評してもらはずとも自分は自分の標準にあてはめて發音の批評を謬らない積です。皆さんのうち英米人でなければ英語の發音を正確に敎へ得ぬと思ふ方があるかも知れませぬが。それは違ふと存じます。私は此標準と云ふものは自分に十分備はると、思つてゐます。誰が何んと云つても是れは是れに違ひないと云ふことを自分に確認する事が出來るのです。

私の好きな一つの文章があります

Man finds his true ideas: his making of them is the finding.

私は此言葉を發音のことに應用して考へる。總ての母音子音を通じて、これはかうでなければならぬと思ひ詰める發音がある。それは詰りこの文章の true ideas に當つて居る。それは偶然に出來たものではなく。亦人間の意思で拵へた物でもない。自然ののぴきならぬ關係からそうなるので、其の動かない關係の意識が其の發音の確信である。私は此言葉に大變力を得て居る。元來私は餘り西洋人に接する機會を有たなかつたのですが。發音學の上から此發音は斯うでなければならぬ。アクセントは此處にあらねはならぬ。これではアクセントの力が足りぬと云ふ風に始終自分で發音を矯正して居たのであります。自分の確信は實に此文章の中にあつたのです。今度桑港に行つて實地に發音を聞いて見た處、どうも發音が自分のと合はない。此發音が本當ならば私の發音は駄目だ。日本で敎へてゐる英語の發音は駄目だと。斯う感じた。而して試みに市內で「ジョーンス」の發音辭典を搜しても一册も見當らなかつた。それから高等學校の發音敎授を參觀しましたが、くだらない敎授法で、我々は二十年も前にやつた事を遣つてゐた。發音を敎へてゐた先生の發音上の知識が如何にも貧弱であつた。カリフォルニア州の發音は斯くの如く私の氣に入らなかつた。だらしのない甘つたるい母韻の發音を聞く每に、是れが本當なら日本の英語發音敎授法は間違つてゐると思つた。それから市俄古へ行き、その田舍へ行つて發音を聞いて見ても實にくだらない。私の娘が市俄古から少し東の田舍の學校に居りましたから、其處の敎師の人々と話して見ましたが。其の發音は實に穢ならしかつた。私は斯の如く失望して紐育市へ這入り込んだのです。所が、愈、コロンビア大學へ行つて、英語發音の嚴正を以て知られてゐるテイリー先生の敎室に行つて見たら初めて目が醒めた樣な感じがしました。而かも學校の先生でありながら、一言一句發音を矯正されてゐる其有樣。實に痛快だつた。此處に來て果して日本で敎へてゐる發音が純正である。我々の發音學により學び得たものが確だと云ふ事が分つたのです。所が其の敎室に日本人が一人居たのですが、其人の發音が實に成つてゐなかつたのです。あんな事では困るなと思つて傍聽してゐましたら、テイリー先生が私に向つて「失禮ですがあなたの發音を聞かせて呉れ」との事であつたから、私は所謂自分の true idea を發表した、さうすると先生は非常に吃驚して發音學は其の位實際に効果があるのかと云はれました。それから先生のお勸めでウイークスと云ふ先生にあひ私の母音に就いてお礬の詞を聞きました。こんな按排に私は今囘發音の科學的研究が實際大效果あることを裏書されて歸朝したのであります。もう一人ボストン大學のグランジユント博士を訪ふたけれど、御不在で會へなかつた。發音の良い惡いを批判する標準は詰り自分にあるであります。自分の true idea を發見せねばならぬ。さうして其發音を自分で聽いて見ると如何にも音樂を聽くやうな快感を禁じ得ぬ。發音の研究は此處まで行かなければ眞の成功と謂はれない。斯樣に研き得た發音を以て書物に接すれば、讀むと云ふ事其自身實に愉快です。我々人間の話す言葉といふものはどんな小さい文章でも一つのロヂクを有つてゐる。此の事を非常によく書いてある書物はブラッドビー氏著「ザ、ロヂク、ヲブ、アンコンシャスマインド、」で之れを讀んで見ると人間の談話は容易ならぬもので、仲々榮養不良の聲などを以て語るべきものでないことがよくわかります。少なくも駿馬が朝日に向つて嘶くやうな壯烈な快闊な聲を揮つて正確に發音しなければならぬ。私が一つ馬の嘶聲をしてお耳に入れませう。（此時講師馬の嘶聲を爲す）斯う云ふやうな風に純粹の聲を揮つて話さねばならぬと思ひます。科學的研究の所謂科學的なところは事實其儘を尊重する點にあるのです。發音の事は皆さん唯人間の口にばかりあると思つたら違ふ、發音の事實は世界に滿ちて居る。例へば r の發音は犬の吠へる聲からも聞ける。ch の發音は鼠からも習へる。n の發音は猫からも學べるではありませんか。或は提灯の破れてる紙片が風に動かされて動くやうな所にも w の發音を聞く事が出來ます。發音の事實と云ふものは世界に滿ちてゐる。私共はよろしく耳を開いて四方八方から良い發音を聞いて、さうして我々の發音を養はなければならぬ。發音の事實それ自身を尊重すると云ふ事が大切です。例へば was は時として wz とも wzh とも發音されるから其の事實を尊重して學ばねばならぬ。何處へ行つても was は was と思つたら其の研究は科學的でない。これが發音學の新しい眼識です。ウヲズは何處へ行つてもウヲズと云ふから英米人の言ふ事が解らない。又自分の言ふ事に調子が乘らない。先方へ通じない此點に於て我々はもつと科學的の態度を學び發音の學識を養はねばならぬ。而して我々の研究はもつと深刻緻密であらねばならぬ。英國北部の方の發音を敎へてゐるロイド氏の如きは實に敬服に値する。例へば初め舌が緊張してそれから弛むとか、初まり弛んで後に緊張するとかさういふ所までよく注意してゐる。私共に取つて今最も大切な事は日本に於ける理想的英語發音を築き上げることである。米國の人の惡い所は前にも言ふた通り澤山ある。さうかと云つて英國南部の發音が皆良いかと云ふところにも非難すべき點がある。現にパーマー先生の發音にしても、dental の代りに lingual を用ひたりすることは賛成できない點である。我々どうか日本人の所謂 true idea に從つて英語發音を築き上げたいものである。さうしてそれが我々の次のゼネレーションに行つてほん當の良い日本式英語發音となるのである。本家本元の一なる米國式發音に就いては大いに憂慮すべき心細い點がある。何故と言へば米國の中には殆んど十分の一は黒人で出來てるといふ州がある。又此處には和蘭人の殖民。其處にはチャイナタウン。其他希臘人、伊太利人があちらにもこちらにも殖民地を作つて居つて、米國の發音をさんぐ〳〵に崩してゐるのである。それであるから遂お仕舞には學問で築き上げた發音が本當の良い發音になる時期が來るに違ひないと思ふ。で今日私共の英語發音は主として實用方面から研究して居りますが、之れを發音學上、或は音韻學上からもつと高い理想を追ふて完全な發音を學ぶ様にしたいと思ひます。甚だ秩序の立たぬお話をして申譯があ

りませんが、今朝は是れで失禮致ます。（拍手喝采）

小林光茂

英語界の大遺利

村田祐治

英語界の大遺利

村井先生が今度學校を御始めになることを聞きまして私は非常に賛成しました。愉快なことゝ思ひます。段々御話を聞きますと、或る有力な實業家が村井先生に共鳴されて、日本の教育の爲に、殊に其中でも外國語の爲に力を盡されやうと云ふことになつたさうで、全く利益を度外視した、國家の爲にと云ふ觀念から犧牲的觀念から起されたやうに存じて居ります。誠に近來の快事と思ひます。此間ちよつと參觀に參りましたが、此暑いにも拘らず。此大きな講堂一杯でありまして、之を見て又近頃にない快心のことに思ひました。元來、村井先生を此所に置いてさう云ふことを申しますのは少し躊躇する次第でありますが、私が始終考へて居ることでもあり、又友人間には始終云ふて居ることですが、村井先生は數年前に外國語學校を御辭めになつた。尤も其時には今のやうに健康が良くなかつたさうにも思ひます。只今では老いて益々旺んと云ふのが、考いず益々壯んで非常に元氣であります。其時は健康も惡かつた。元來學力から云つても經歷から云つても人格から云つても、外國語學校の校長になるべき方であります。それがどうしてならなかつたか私共不思議と思つて居るのであります。併しまぁ一つの理由は其時か健康が今日のやうでなかつたと云ふことかも知れませぬ。けれどもあの時外國語學校の校長になりますれば、今日斯う云ふ學校を御始めになる勇氣はないに相違ない。して見ると語學校の校長にならなかつたことは、却つて村井先生の爲に幸福であつたやうに思はれます。日本の教育界の爲にも却つて幸福であるかと思ひます。餘事は扨置きまして、さう云ふ次第で滿腔の熱心を以て村井さんの事業を贊成いたしました。で夏季講習會に何か喋べれと云ふことでありました。村井先生の方の御注文では私が曾て直讀直解と云ふ本を書きまして、それを主張したことがありますから、それをやれと云ふことでありましたが、それもやつても宜しいのですが、今私が一番熱心にやつて居ることは此所で御話する例の etymology のことでありますから、それをやりませうと斯う申しましたすると村井先生何だか進まないやうな御顔でしたが、それを構はず私がまあやることに致しました。出來が惡ければ全く私の責任で村井先生の忠告を用ゐなかつた爲かも知れませぬ。併し直讀直解をやれと云ふなら何時でもやります、是も決して熱心でなくなつた譯でなく、尙ほ研究を續けて居る譯であります。此講習中に何時でもやつて宜いのであります。それから何故私がこう云ふことを云はなくちやならぬかと云ふと、どうも英語の研究がなか〳〵進歩しまして、微に到り細を極めて居るのですけれども、まだ或る一點に於ては丸で開拓しない未開地がありまして、尤も一部やつた人もありますが、それはほんの出來心でやつたのか、或は金儲けの爲にやつたのでありますか、後が續かないやうでありますから、どうか私は其爲に今も盡して居るが今後も盡したいと考へて居ります。それは英語の研究法が語源の方から行きますと、まだ〳〵取るべき獲物はごつさりありまして非常に遺利がある。それを世間では閑却して居るやうに思ひます。かう云ふ席で諸君に自分の思ふ所を述べますのは如何にも愉快であります。語源に依つて單語を研究する。其動機から御話しますと、それも餘り動機を詳しく申しますと一時間位の講演では、時間がなくなつてしまひますから簡單に申します。英語の教習法に色々あつて、讀む書く話すと、色々の方面からやつて居りますが、其中にも讀むと云ふのが主もなることになつて居ります。讀むと云ふのは俗に云ふ譯讀と云ふのに當つて居ります。殊に高等學校の方では譯讀の方を主もにやります。先づ讀めれば宜い。書く、話すと云ふことは骨の折れる割に效がない。先づ讀むことを先にして行く。本さへ讀めれば宜いんだと云ふ主義が大分行はれて居るやうでありますが、讀みさへすれば宜いと云ふのは問題であります。それも讀みやうにも依ります。今普通の譯讀のやり方を見ますと、一つのセンテンスの意味を取ります。一つのセンテンスですから、中のフレーズや單語が能く解らなゐでも、前語の關係から讀むのであります。俗に云ふ感の宜い人は、單語が解らゐでも考へを附けて大方當るのであります。それで通つて居ります。それを解剖して、此フレーズはどうかと云へば自分では解つて居らぬ。況んや單語の如きは意味のない、ドッグ犬、サン太陽と云ふ風に、無意識に覺えて解釋して居ります。それだからどうしても能く解つて居らぬことがあります。先づセンテンスを能く解するにはフレーズが解らなければならぬ。フレーズを知るには單語から行かなければ準序でありませぬ。さう云ふ考を起しまして、自分は高等學校の敎習が譯讀に偏して居ることを考へたことは二十年來で、どうか之を防ぐ方法はなからふか、書物を讀むにもどうも讀みやうが不十分である。況んや書く、話すと云ふことは丸で聯絡のないやうなことになつてしまふ。是は困つたものだ、是ではいかぬと考へましたが、假名案がありませぬでしたが、数年前——何年だかはつきり覺えない、十年位になるかも知れませぬ——是は單語から研究すれば宜い。それに限ると考へ附きました。が單語の研究をするには只エー、ビー、シーの順で單語を注ぎ込んだ所で到底覺えられるものでない。此頃新聞などに五千語征服英語などゝ云うて出て居るが、單語の五千なか〳〵征服出來ませぬ。五千所か三千も一千もむづかしい。昔は辭書を暗記すると云ふことをやつた。英語が日本へ初めて來た時は、辭書など珍らしいもので、薩摩辭書などは展覧會にでも出すやうに珍らしいもので、是など手に這入つたらもう大したもので、其後英和辭彙が出來たがそれは〳〵大したものでした。それが出來る前、福澤先生の話を——間接ですが——聞くと、其頃は辭書がないので何か寫したものを滅茶々々に暗誦したものださうです。其時は單語の數も少いし、やる人が熱心で、おまけに福澤先生のやうな偉人でありますから、頭も良かつたに相違ないが辭書の暗記と云ふことをやつて。それでどの位成功したかと云ふのにどうも餘り成功したやうに云はれて居りませぬ。今では良い辭書が大分出來ましたが、辭書を頭から暗記することは到底出來るものでない。憶へたかと思へば直ぐ忘れて、五千所か一千もむづかしいのであります。到底出來るものでない。併し英語は幸ひ語源が能く解つて居るから、語源に依つて、類を作つて、同じ類の言葉の中にあてはめて行く。第一は形と意味、此二つに依つて排列して行きます。斯うして研究すれば聯絡も附くし、意味のないと思つたことも意味が出て來る。興味のないと思つたものも興味が出て來る。それに依るより外には方法がないと云ふことを考へ附きました。それで先づやつて見ましたが、扨どうも聯絡のない單語ですからどうして興味を起させやうか、それを非常に心配いたしました。今日でも尙ほそれは始終念頭を離れませぬけれども、一年まあやつて見ました經驗に依れば、是ならば出來ると思つてそれから書物も作り、現に高等學校などではそれを實行して居ります。今日諸君の前に出しましたのは二つのグループで、先づ第一の tort, tor- の方からやりますと、是は或は諸君の中には私の申すことをもう聞いて居られる方もあつて、そら又始まつたと思ふ諸君もあるか知れませぬが、どうか辛棒して御聞きを願ひます。丸つきり同じことは云はぬ積りですから、其中には二度耳でも何か新いことを云ふ積りであります。先づ Tort- であります。ラテン語の tortura から始まつたのですが、是は wringing twisting「捩る曲げる」是が語根であります。語根は Tort— 云ふだけを諸君が頭に置かれゝばそれで宜しい。先づ第一が -ure を附けて torture 此 -ure は英語の suffix でありまして幾らもあります。だから torture で名詞又は動詞に付くサビックスと思へば宜い。そこで身體を「捩る」のですから、體を苦しめる、「拷問」となります。To put one to the torture,—— to torture one to death. 人を拷問に掛ける。是は名詞であります。拷問で殺す、是は動詞であります。Men taken by their enemies were tortured to the point of death, but surived to be tortured again, and killed at last with every refinement of savage cruelty. 敵に捕はれたる人々はもう少しで死ぬと云ふ所まで拷問されて、生き殘つて再び拷問された。killed at last とう／＼殺されてしまつた。every refinement. は面白い字で、譯は何と云つて宜いかちよつと困りますが、refinement は語源から行かなければ本當に解りませぬ。Fine は羅甸語の「finis 終り」から出たので、in fine で「終り詮ずるところ、結局」と云ふやうな場合に in fine を使ひます。其外には罰金のことを fine と云ひます。罰金を課してそれで事件を終るからで、其事件が「御仕舞」と云ふことから云ふのであります。それから英語は大抵 e か y で終つて居りますが、e は語根に關係がないので、だから fin- だけで宜い。fin-ish- 此 ish- と云ふのは動詞にも附けば名詞にも形容詞にも附きます。rad-ish 大根です。是が直ぐ大根と云つて英語が出なければならぬ。どつちからでも直ぐ出るやうにしなければならぬと思ひます。rad は根であるから、根から葉から改め樣とするから Radical—radicalist が過激派となるのです、形容詞では selfish 利己的になるから selfish で、それから reddish 赤つぽい、少し赤い、稍〻赤い、日本語の赤いぽいに當る。whitish が「白つぽい」で yellowish が「黄色ぽい」ですが其「ぽい」と云ふがどうも日本語で困る、何だか解らぬです。赤つぽいなど宜い言葉だか解らぬ。で元へ戻つて finish が終るです此 *fine* は元來「終る」意味で、to *fine* gold は金を「精錬して終る」意味です、refine は更に精錬するのです、そこで to *refine* gold, sugar は金を「精錬」する、砂糖を「精製」して我々が毎日用る雪の様な砂糖となるのです、それから a *refined* gentleman といふと「灰汁ぬけした、垢ぬけのした」卽ち「上品なる、文雅なる」となつたのです、此 refine に ment を附けて名詞となつたのです。慘酷を refine すると云ふ意味は、頭から一擊の下に毆り殺してしまへば慘酷なやうであるが、實は殺される方に取つては仕合せなのである。それを殺さないで一寸試し五分試しに、少しづゝ殺す。殺し方をあらゆる「凝つた方法」で殺すのが every refinement

とであります。ment を附けて名詞になります。慘酷と云ふことを有ゆる凝つた方法で苦しめて、仕舞にとう〳〵殺してしまふ。every refinement of savage cruelty. 斯うなります。其次の torturer は er が附きますから人です。拷問する人です。torturous の ous は形容詞の -ous ですから拷問のと云ふ形容詞であります。touтuous となると元の意味の曲りくねつたと云ふ意味になります。The tortuous bystreets of London. 是は「コナンドイル」の小說にある句で、倫敦の曲りくねつた橫町と云ふ意味です。是はどうして區別するかと云ふと、r と云ふ字が一字あるなしに依つて區別される。非常に delicate で、r のある方が「拷問」、r のない方が「捩れた、曲つた」と云ふことになります。此 tortuous は辭書にはないかも知れませぬ。是など注意すれば非常に面白い。ちよつと形を變へるだけで出來る。此所が目の着け所であつて、非常に世間の人は注意を引かなければならぬ。私は單語が閑却されて居るのはどうもいけないと云ふのはそこであります。tortois 龜の子です。足が曲つて居るから龜の子となる。成程龜の子の足の曲つたのは著しく目に付きますが、其所に目を付けて名をつけたので、百足と書いて「むかで、」日本語では兩方から手が相對して向つて居るから「向ひ手」であるが漢語の方は百足と云ふ。英語 Centipede と暗合します、百はありませぬ。六十何本しかないそうです、けれども多い所から百足と云つて居る。日本語の向ひ手は龜の子の曲つた所へ目を附けたのと、目の附け所が同じであります turtle も tortois の變化であります。英話辭書を見て御覽なさい。どつちも龜の子であつて、兄弟分でありながら知らぬ顏をして居る。*Nasturtium* 是は nas が鼻で、鼻曲りと云ふ意味であるが、金蓮花と云つて居りまして、縁日なんかでも安いのでありますが、併し是は鼻が曲る程匂はないので、どうも二つ種類があるやうです。芹の類に是があるらしい。其類が非常に香ふので鼻が曲ると云つて居る。詰らぬと思つた草などが案外面白いことになります。それから Contort, 此 con と云ふのは「共に」ともなり

「十分に」ともなり、十分に曲げる、共に曲げる、身體を曲げる、角兵衛獅子などの様に身體を曲げるのが contort であります。是は distort と大分似て居る語です。distort はあつちこつちに捩ぢあげるであります。His face was distorted with pain, 苦痛で顔をしかめたとなる。This mirror *distorts* the features 此鏡は目鼻立ちが變になる。the features 此目鼻立ちと別々に云ふからで、一緒にして the face 顔面であります。distorted vision 是は亂視であります。distorted view の方は曲つた意見、偏見となります。view も vision も同じ語源から出た語でありますけれども形が變つて、片方は心の方片方は目の方であります。次に時間がありませぬからエキザンブルは一々やつて居られませぬが、Contort も distort もまあ略ゞ同じだと云ふやうに覺えて置けば宜しい。それから extort 捩り出す、搾り出す、無理に取るのであります。金を無理に取るのが extort money であります。to extort a confession from a prisoner 強いて白狀させるのです。次の Magna-Charta は羅甸語で、英語では Great Charta 大憲章であります。キング、ジョーンに迫つて無理に大憲章を取つたから extort であります。extortion と云ふのは無論名詞になります。それで Oppression は壓制で extortion は誅求で、人民から無理に取るのです。それから Retort は re=back+tort で捻じ返す、逆捻じをやることになります。其所にある蒸溜用に使ふ蒸溜器も retort であります。曲つて居るから附つた名前です、まだ面白いエキザンブルがあるが時間がありませぬから次に移ります。時間があれば後へ歸ることにします。*Torment* 矢張り捻ぢ曲げることから來た字で torment to dea th は torture と同じであります。mosquitoes tormented the child all night 蚊が子供を夜つぴて苦めた。之を torture では强過ぎるから torment を使つたので、同じ字だから唯一つで宜かりさうだが、英語は有る形を取つて成るべく澤山の語を作り出します。其所が目の着け所であります。torch 炬火であります。是は捻ぢ曲げて拵へるからであります。tow と云ふのは麻屑であります。向ふの國の炬火は廱屑や其外の物を捻ぢ曲げて卽ち綯つて作つて成るべく燃えでのある様になるから、それから、來て居るのです。それからもう一つの方のに移ります。Claim, clam- たつた二つしかない形が變らないから覺え易いのです羅甸語の *clamare* 叫ぶと云ふ字から出たのであります。第一が to claim a title. 叫ぶと云ふ意味から、タイトルを請求することになる。次は彼の云ふことには間違いがないと「唱へる、主張す」となる。I do not lay claim to scholarship 自分は學問が出來るとは稱へない。云ひたくも云はれないのが no claim to であります。Claimant は請求する人です。-ant は玆では人であるが、informant は密告者で informer は唯だの通知者です、語尾に依つて區別して居ります。それから clamant 是は全く叫ぶで、叫ぶと云ふのは騒々しく何かしろと叫んで居ることであつて、差迫つて緊急捨て置かれぬ害惡、弊害です。それから Clamour は名詞に動詞にもなつて、金を臭れ麵麭を臭れと叫ぶ Clamorous が形容詞になつて喧ましい、騒々しい群集 A clamorous crowd それから clomorous bells 騒がしい鐘です。acclaim の ac は ad の變化で、此說明をすれば一時間以上かゝりますから略しまして、是は喝采する、萬歳を叫ぶのであります。それから *Declaim* 是は演說をするのだが、大聲叱呼滔々と演說する意味を含んで居りますから declaim であります。次は Disclaim. 急いで進みますが、dis は打消しで、捨てる、權利を捨てる、放棄するとなる。是は名詞が Disclamation となります。Disclaimer は Disclam する人で、意味が分れば譯を附けるに及ばぬので、譯を附けるのは意味を分らせるが爲であつて、元來譯讀は手段で目的ではないのであります。であるから英語が段々解れば譯讀は段々減らすのであります。三分の一、四分の一、或は全部無くすべきであります。但し今の受驗の人は又別で、自分は能く幾ら解つても譯が上手でないと點が取れませぬから止むを得ませぬけれども、元來は譯は手段であつて目的ではない。だから譯讀の目的を達したらもうしなくても宜いことになる。それから exclaim——cry out は名詞が exclamation であります。それから其次の Proclaim は公に人の前で宣言する意味で、是は名詞が Proclamation となるので、形が決まつて居ります。其次が Reclaim 例へば To reclaim money paid out erroneously さあ間違つて支拂つた金を返せと請求するから Reclaim である。次には權利囘復を請求する。財產の囘復を請求すると云ふのであります。其次のは呑んだくれを元に返す酒を止めさせて元に直すから Reclaim です。其次のは沼地を埋立てる――元の通りにすると云ふ心持から埋立てるとなります。荒地だと Reclaim は開墾の意味になります。沼や海だと云ふと埋立てることになります。そこで括孤の中は改め得べきと云ふことにもなります。埋立てることが出來る、開墾することが出來ると、斯うなります、そこで人間なれば改めることが出來る、荒蕪地は開墾し得べき、海や沼は埋立て得べきと云ふことになります。そこが此所から攻めて行かなければ解らぬので、irが附けば打消しであります。それから Reclaimed land と云へばもう開墾したる土地若くは埋立てた土地になります。Reclanation は名詞ですから何とでも譯が附きます。改めるともなれば埋立てるともなり開墾ともなります。尙ほ詳しくやる譯に行きませぬがもう少し申しませぬと徹底しませぬ。Bake 是は麵麭を燒くで、語尾に er が附けば人ですから Baker は麵麭や荷子を燒く人麵麭屋です。今度は y を附けると場所になります。Bakery となります。それからもう一つ面白いのがあります。Bake の變化が Batch となります。矢張り燒くと云ふことであります A *batch* of bread は一燒の麵麭、一釜の麵麭と云ふことになります。そこで相似たものゝ一種類又一組ともなります。一組の移住民となります。Bak(e) が Batch となるのはちよつと見れば變な樣だが大した變化ではない。全體 k は ch と變るのでありますが、bach では拙いから t を眞ん中に入れて batch としたのでなります。だから例へば bak- といふ樹幹があつて baker といふ枝が出て、夫れから bakery といふ枝が出て居るのです、夫れから又別の方から batch

と云ふ枝が出る。bake が batch になる似た例が wake と watch であります watch は寢ずの番から今の意味になつたのですとなり懷中時計の watch も同じ語でも是がまだ waken それから awaken それから wait となる。wait は wake の變化で元來寢ずの番をして待つと云ふ意味であります。Proper. 是は「固有」なると云ふのが本の字ですが、proper noun がそれです。固有なものだから自然相當することになる。此名詞の形は Proper—property で、其人に固有なもの、財産と云ふやうなものになる。適當なる妥當なる proper の方は propri(e)ty で財産の持主の方は proprietor となります。今年の高等學校の試驗問題に impious があります此れは pious の打消し反對であることは直ぐ解かります、名詞の形は piety で此反對が impiety です此 pious—impious と piety と impiety は一所にして置くべき語で、別々に離すべきではありませぬ此語の源は pi— でありまして「憐れむ愛する」と意味までそこで *pi-ty* が「憐み」となります、今一歩進むと *pi-*tance

といふ語があります、元來「憐れんで」寺院などで施物をして食物などを與へました施物ですから澤山はやらない、極少しづゝ與へたのですそこで此 pittance が「極少量」といふ意味になつたのです、「憐れで與へた物」が pittance で「憐み」か pity で神を「愛する敬する」のが piety となつたのです、此 pittance などは受驗の問題には出そうもありませんが、此語を piety と pity を結で付けて記憶して置くのも、單語を殖すいゝ機會と思ひます、オックスフォードの大字典には四十二萬五千の語があるが、まだ〳〵漏れた字が澤山あるのであります。同じ語源の語が僅かな違ひを持つて別の意味になつて行く丁度草木と同じに有ゆる營養分を吸收して、發展出來るだけ發展して居るのだから、其所に行くと人間以上の何が不思議なもののやうに思ふ。まだ云ふこともあるし一番最後の面白い所を殘して殘念ですが今日は是だけにして置きます。

商業英語に就いて

武信由太郎

商業英語に就いて

只今村井先生から大變な廣告をして戴いて、村井先生に對して感謝致します。私は今日此時間に一寸した英語の研究に就ての一小部分のことに就て、不完全ながらも首尾調つたる簡單な御話をして、さうして諸君の御參考に供したいと思ひます。

英語を研究するには、諸君も御存知の通り先づ大別して自分の進歩の爲にする、即ち自分が知識を得たり、或は自分のキャラクターを陶治する、其大なる目的の爲に英語を研究するのが一つ、それから第二には、是はそれ程高尙ではない。即ち生活の一つの方便として英語を研究する。即ち英語の先生になり、或は英語の記者になり、それからもう一つは商人になる。英語に依つて商賣をすると云ふ、其方に英語を活用する。それで私が是から御話しやうとするのは、即ち商業上に於ける英語、極く範圍は狹い。範圍の狹いことでなければ、此時間には一通りのざつとした觀念も諸君に與へることは出來ない。だからビジネスイングリッシユ、即ち商業英語と云ふことに就て御話すると云ふ積りでございます。

私は早稻田で殆ど二十年英語を敎へて居りますが、其英語と云ふものは、私の英語はビジネス•イングリッシユである。商科の通信文、商業上の通信文、それを敎へて居るのです。だから英語としても非常に區域の狹い所をほじくつて居る。比較的其事に就ては、頭に始終其事は親しくやつて居りますからして、多少とも諸君の御參考になるやうなことは御話することが出來やうと思ふ。それで商業英語と言へば、諸君の或る御方の爲には不必要な者もありませう。自分はビジネスマンになるのではないと云ふ人もある。ビジネスマンになるのでなければ、ビジネス•イングリッシユは入らない。併ながら私の言ふ所はビジネスマンにならない人にも、英語の研究上に矢張ビジネス●イングリッシュのことは御參考になると思ふのです。第一どの國語でも其々著しき特徴が有る。例へば佛蘭西語は即ちデレマチック●ランゲージ、外交上の言葉として世界中に認められて居る。獨逸の言葉は學術上の言葉として認められて居る。第三のイングリッシュは商業上の言葉として、之も廣く認められて居る。それで實際諸君の、商賣をやるにイングリッシュを知つて居れば、イングリッシュを用ゐれば、世界中何處でも取引が出來る。さう云ふ便宜がある。それで英吉利人を能く。ネーション●オブ●ショプキーパー商賣人の國民とこう云ふ風に、惡口か知らないけれども、世界の人は英國人を評して居る。實際日本等に於ても、外國人の商人は矢張イングリッシュメンが一番多い。だから英語とビジネスと云ふものは非常に離れることは出來ない關係が有る。それならばビジネス●イングリッシュは一體普通の英語と何所か違つた所があるか。勿論根本的な相違はないが矢張ビジネス●イングリッシュとしての其特徴は有る。それは何であるかと云ふと、極く平易に最も簡單書くべきイングリッシユである。さうすると初學者にはビジネス・イングリッシユと云ふものは一番這入り易い。それで私は特に此問題を研究した譯ではないが、私が時々思ふのは、是は日本の學生の英語を教へ且つそれを應用せしむる一つの方法として、中學でも三年か四年にはビジネス・イングリッシユの方をやつて、それから導いて行つたらどうか、極めて實際に間に合ふ英語が出來ると思ふ。即ちさう云ふ學校がある。甲種程度の商業學校は即ちそれだと云ふのだが、甲種程度の商業學校と同等と見られる中學校を卒業しても、實際に應用されると云ふことは六ケしい。併しそれと同じ樣な時間で、年月を費してビジネス・イングリッシユを研究すれば、プラチカルなイングリッシユを會得することが出來る。だから其點に於てビジネス・イングリッシユと云ふものは外のイヘグリッシユよりも入り易い。詰り英語と云ふものが若し是だけの範圍にあるものとすれば、ビジネス・イングリッシユと云ふものはほんの其片隅なのであるが此を出發點として英語研究に進めば比較的樂であるまいか。さてビジネス●イングリッシユも口の方で言ふカンバセーション、と書簡文として現はす方面と二つある。私が今日御話しやうとするのは、商業文の方に就てである。商業文、卽ち英語で商業の手紙を書くと云ふのは、まあ甲種程度などに行つて居る諸君は何でもなからうが、普通の人は中々是は恐しいやうな、容易に組立てることの出來ないやうに思つて居られるかも知れぬが、今言ふ通りビジネス●イングリッシユと云ふものは、外のものから見ると範圍が狹いから樂である。だからそんなに六ケしいものではない。唯、最初より必要なのは、型を是非覺えなくてはならぬ。日本文の商業文は、商業上の手紙は段々變遷して來て居ますけれども、矢張今でも拜啓愈、御淸昌奉賀候每々御引立に預り難有奉存候と云ふやうな極り文句がある。それがあるものだから、ひよつとそれを譯して見やうとすると六ケしい。だから迚もイングリッシユでは書けない。そう思ふのですが、是は日本の商業文の型で、英語にはそれがない。英語はそんな前文句はない。初めから I beg to advise you――何々申上候と云ふ字を使ふ。それで始める。然しそれもです I beg to と云ふことを言はなくても宜い。兎角亞米利加風の人は――一體文化の程度が低いと言ふことを言ふと亞米利加人は怒るかも知れませぬけれども、遣方が亂暴で、成べく手取り早くやらうと云ふ意見なのですから、そんな事は省く場合が多い。出拔けに自分の用向を書くと云ふやうなことになつて居る。それから終ひの結びの草々頓首、敬具とか何とか云ふのは日本には澤山ある。西洋にもあるけれども Yours truly とか Yours faithfully 位のもの二つ知つて居れば總ての場合に間に合ふ。それで頭と尻尾は出來たとし、て中郎ち本體、身體の所です。其處をバーデーと言ふ。其處の所が六ケしい。其處の所は自分の用向に依つて千變萬化する。併し、假りに是々の品物を至急御送り下さいと云ふ場合には其通りに言へば宜い。Please send the following at once こう云ふやうに書く。

さうして此處に名前を書く。さうして Yours faithfully 是で宜い。用は達する。併ながら是では勿論本當の取引上には不充分である。第一最も緊要なる代金の仕拂はどふする。一體商人と云ふものゝ原則としては、自分からは成たけ金を出さぬやうにし、成べく最後に出す。さうして向ふから成べく早く取る。其方針が商賣人の常に守つて居る所であります。千圓の品物を註文する時千圓送金すれば早速送品して來るから何の問題はないが、それだと其の千圓と云ふ金が當分自分の懷になくなる卽ち融通資金がそれだけ少くなつて居るから、こう云ふ風にしてやるのは素人の遣方である。これは商業英語とは別に關係は無いが序ながらプリンシプルを一言する譯である。それで仕拂の方法として普通 you may draw on us for the amount of your sending at 2 months after sight 卽ち「御送品の金額に對し參着後二ヶ月拂(場合により此の期間は區々であるが)の手形拙者宛御拂出し差支ありません」と記入するのである、言ひ換へれば千圓の品物を私が註文するとして其額の爲替を私へ宛てゝ振出すものです。卽ち千圓の荷爲替英語の documentary draft と云ふものが註文主卽ち buyer なる私の方へ振出して來る。私は其荷替を拂ふ。之を accept 又は meet すると英語で言ふのです。此の仕拂方法だと爲替が着いてから二箇月後に拂ふと云ふのであるから、千圓の利用の期間が二箇月長くなる。商人の遣方はさう云ふ風である。payment の方法は其で極まつたとして、次には goods の納付卽ち delivery である、成だけ早く日時をちやんと定めて納付して貰ふ必要がある、其の取極め方の一例として Delivery to be made by 15th August と記入し八月十五日までに納品する樣に日時をちやんと明にして置かないと何時品物が來るか分らない樣では、御得意に對して確な御返事が出來ないと云ふことになる。要するに註文する時の言葉と、ペイメントの條件と、デレヴァリの條件、此三つを達意的に英語で表はす事が出來れば英語の商業文と云ふものは普通の者でも出來る。尤も商取引する其前に品物の代價、種類、品質數量等に付先方に一應交渉する必要がある。此の豫備交渉を enquiry 或 nquiry と言ふ。問合せ、或は照會のことです。今假りに是々の品の値段は幾らでございますか卽ち邦文の下記に對し代價御通知被下度候を英文で認めるとして Please let us know your price for the following と書き下せばごふでせう。勿論此式の短い英文は誰でも書け誰にも分る。併し是は本當の英語の商業文ではない。let me know your price を quote の一語に改むべきである。此場合の代價は双方假定的のもので買方は値切り、賣方は負け澁ぶると云ふような掛合の末に極まるのまでのだからprice の字は穩當でない故に假定的の意味を持つ quote の動詞又は名詞の quotation を使用したいのである。其で let me know your price と quote と實際用を便ずる點に於て相違はないが、只前者は商業用語に不案内なる人の文として多少送狀先の信用に關係があると云ふべきである、あの人は商業上の字を知らないと云ふ、何となく輕く見られる。要するに僅な文字を以て、さうして比較的早く實際に使ふことの出來る英語と云ふものは、ビジネス・イグリッシュの外には私はないと思ふ。尙商業をやらない人にも同じ樣に矢張參考になると云ふのは其の少しも飾りの無い。極く直接に無用なことを書かぬ、習慣を付けるには矢張商業英語的の流儀が宜いと思ふ。併し商業英語としても、日本人は日本語の習慣的商業と比較硏究の必要がある。先にも言つたが、拜啓、愈、何々、御引立に預りと云ふやうなことは、英語商文には省くべきか、然らざれば如何に表はさるであらふか、「右惡しからず御承知下さい」「御査收相成度」などごう云ふ風に譯すべきかと云ふことを知つて居ないと云ふと、人に聽かれた時に困るし、又自分でも矢張さう云ふ文句を、日本文的の文句を現したいやうな氣がする。卽ち和文英譯と云ふものに問題となつて來る。それで和文英譯と云ふものは一體英語を敎へるのに惡い方法だと言つて色々非難などもある。直接の方法で以てやらなければいけない。何んでも英文を諳記させなくてはいけないと云ふやうな色々な說がある。併し私は少し古風かも知らぬけれども、どうも矢張日本人は和文英譯でなくては頭が承知しない（講演者チョークを示す）此物はチョトクだと云ふことを赤坊の時から言ひ習はせ、聞き習はせて居るならば仔細ないけれども、日本人は十中八九十二三歳位から英語に接するので、既に國語と云ふものが十分に頭に這入つて居つて、總てのものを國語で現はすことになつて居る。其處に英語と云ふものがやつて來るから、それを出拔けに諳記しろと云ふやうなことを言つても、日本語としてはどう云ふものであらうか、日本のどう云ふ所に當るだらうかと云ふ迷ひが起つて來る。其疑問が始終頭に出て來る。だから私は能く言つて居るのです。和文英譯を初めやるのは丁度赤ン坊に手を取つて歩かせると同じ樣なものである。英語を學ぶ初めの手引である。それが少し經つと手引が入らなくなつて來る。日本文と英語と云ふものが、離れて書くやうになつて來る。日本文はどう云ふか知らぬが英語では斯う書く。さうゆふ所まで進んで來るともう占めたものです。さう云ふ風になつて來る。少し話が遠くなるやうだけれども、英語には英語の癖があるから、どうしても其の癖に依らなければ本當の英語流に現はすことは出來ない日本文の流儀では、矢張考へ方が違ふし、順序も違ふし、色々相違の點があるからどうしても和臭的の英語になつて來る。併し英語流の英語が出來る迄は和文英譯と云ふものが私は必要だと云ふ說である。例へば

右宜敷御含み下さい

which I beg you to note

御査收下さい

I trust you will find it correct.

惡しからず御諒承下さい

I believe you will see my position.

こんな慣用文句は皆んな知つて居なければならぬ。さう云ふ文句を知つて居つ

て、さうして其外に商業上の慣習を示す術語を使用すれば、商業文と云ふものは最も樂に書くことが出來ます。最も早く應用することが出來る。商業文に就て始終私は言つて居りますが、商業文は名文は入らない。さうして綺麗な文句も入らない。商業と云ふものは極く地味なものだから、さう云ふ奇拔な文句やハイカラの名文を入れると却て信用を墜す。だから商賣人には有りの儘を言はなければならぬ。それ故文章の宜いのよりも、商業文は數字を正確にしなければいけない。卽ち一割五歩の割引をしますと云ふのは15.0%でせう。之を1.5と書いたり10.5と書いたりこんなことをする人がある。私の二十年近くの經驗に依ると、一割半と云ふものをこんなに間違つて書くのは先づ一割半位ある。こんな誤は大禁物である、文章の方は少々拙くても、こう云ふ所が正しければビジネスと云ふものは出來る。是が違ふとビジネス・イングリッシュの資格は無い。ビジネス・レタースの一番肝心な所は、數字で間違が有るや否とや云ふことを二度も三度も通讀してそれから餘力があつたならば、文章の巧拙を調べる。英語商業文はさう云ふやうな性質のものですから這入り易い。まあ中學校の四年五年位までやつたならば、先づ普通のビジネス・レタースと云ふものは書ける。其證據には横濱神戸などの商店に居る通信掛を御覽なさい。あれ等の人は其商業上のレタースを書くことは非常に馴れて居る。一度型を覺さへすれば、其通りさへすれば。宜いから後は樂である。東京でも三菱とか、或は三井物産等の外國貿易に從事して居る所は皆商業上の取引がある。六ケしいことになつて來ると英米人に持つて行く。自分達はやりはしない。日本の銀行會社でビジネス・レターを立派に書くと許されて居る人でも、外の事に掛けては空駄目だ。烟違ひの新聞の論説とか其他の文を起草させるとまるきり駄目である。さう云ふ所から見ても、英語商業文と云ふものは樂なものであると云ふことが分る。私共は殆ど十何年と英語をやつて居るけれども、矢張り手爾波の違ひをやる。文法上の誤りを時々やる。だから是はどうも仕様がないが、併しビジネス・イングリッシユと云ふものは文法上の關係と云ふやうなものは六ケ敷言はない、つまり實際の間に合ひさへすれば宜いと云ふ主義なのです。一體和文英譯のことに就て御話するど際限が無い。或は此次にさう云ふやうな問題に就て御話をする機會があるかも知れませぬけれども、本日は唯商業英語と云ふものに就て雜駁な御話した次第であります。

村井先生

徳富健次郎

村井先生

村井先生は甚だ宜しくない方であります。今先生がお話しになりましたやうに私は地震以來今日初めて東京に參りました。それ所ではない、まだ五六ヶ月は東京に來ない積りで居つた。それをこんなに引摺り出して、さうして頗る不得意な英語に就いての講演とか何とかをやらせると云ふことは隨分ひどい話だと思ひます。ひどい話ですけれども、どうしても來ずに居られない、村井先生の言ふことを聽かずに居られないと云ふ譯がある。それは何かならば私は村井先生を好きなので、さうしてもう一つは村井先生の名を思ふと自分が十八であつた昔に歸る。十八九なんと云ふ年は隨分なりたい、何度でもなりたい年です。村井先生の名は私をして十八の昔に歸らせる。だから嬉んで實は今日來たやうな譯であります。私の今日話さうと思つて居ることは少し皆さんの期待して居ることゝ違つて居るやうです。それは英語の話が出て來るかも知れませぬけれども、ほんのちよつぴりほか出て來ない。

私が村井先生の名に依つて十八の昔に歸ると云ふのは斯う云ふ譯である。長いことを云ふと長くなりますが、明治十八年に私は十八——明治元年に生れたから明治十八年は十八、十八の春今神戸の須磨に左手不隨で病臥して居られる横井時雄と云ふ人があります、是れは私の從兄に當ります、又私の先生見たやうなものであります。其の年の三月に熊本で耶蘇敎の洗禮を受けて直ぐ横井さんに連れられて今治に行つた。伊豫の今治は此頃は市になつて居りますが、其の頃には小さな港町でした。横井さんはそこの耶蘇敎會の牧師で、其の頃村井先生はそこの副牧師をされて居りました。私が十八ですから村井先生はお幾つですか、多分二十四五でお出でになつた。先生はもう同志社の神學部を卒業すると云ふ所で飛び出されたのですが、兎に角同志社の學生ではない、副牧師でちやんとお子さんもお出でになる。中々リウとした好男子でありました。その代り私も十八で是で中々美青年の方でありました。(笑聲)そんな頃は諸君は何處にお出でになりましたか、阿父さんが今のあなた方位の時で、隨分古いことなんです。所が村井先生も私もまだなか〳〵元氣で、是から勉强しやうと思ふて居る。そこで昔話になりますが、私が今治に行つたときに其處の中學校は廢校になつて居つた。廢校であるから誰も居らぬ。中々廣々としていゝ處です。丁度今治の郊外にあつて、三方に石垣が築いてあつて、夏は中々涼しうございます。其の二階に大きいテーブルがあつて、それに私と今布哇に行つて傳道師且學校を起して居るエス君と、もう一人多分今實業家になつて居るでせう、その後會ひませぬ、其のエム君と、此の三人が其の大きい卓子に蒲團を敷いて、さうして蚊帳を吊つて寢たから隨分大きい卓子であることが分る。向うの海の方から吹いて來る風が隨分涼しい。私は其の頃から漢詩が好きで絶句類選を讀んで居つた。それに澁紙の表紙を付けて置くと其の澁紙の表紙がべと〳〵になる程鹽風が吹き入る。中々涼しい處です。私が十八歳でエス君が二十歳、エム君が十九歳で中々喰ひ盛り、非常に喰つたものです。或る時三人で牛肉を買つて喰つた。明治十八年ですから非常に牛肉か廉い。百六十目一斤で五錢位。所がまだ廉い牛肉がある。それを稱して脫走牛肉と云ふ。少し話が横道に入るけれども、明治十八年と云ふ頃は三菱が私立の會社で、中々我儘ですからそれを打ッ潰さうと云ふので、今九段に――此頃は倒れたやうですが――銅像がある、品川彌次郎、あの人が內務大臣をして居つて、三菱を打ッ潰す積りで共同運輸會社と云ふ會社を造り、兩方が滅茶々々に競爭した。さう云ふ風の競爭が瀨戸內海の小さな汽船にも波及して、もうそれは無茶に競爭する。今治から大阪まで運賃を二十錢取つて船に乘せ相當御馳走して吳れる上に、上陸する時には安洋傘を一本づゝも吳れてやると云ふやうな非常な無茶な競爭をした。さう云ふ定期の社の船の外に、もぐりで行く船はもつと廉くて、もつと御馳走をして、もつといゝ景物を呉れる。だから牛肉も申し合はせた値段よりも一錢五厘位廉く賣る、さう云ふのを脱走牛肉と云ふて居つた。其脱走牛肉を五百目、米を一升、桃を二十買つて、三人でベロリと喰つてしまつた。三人共耶蘇教信者です。所が布哇に行つて牧師になつて居るエス君が非常に後悔しまして、近所の山に行つて斷食をして祈り始めた。さうして何時まで經つても歸つて來ないから非常に心配しました。昨夜隨分喰ふのは喰つたけれども、今日一日斷食してどうする積りだらう。其の頃はまだ華嚴も流行して居らなかつた頃で、そんな心配はしないけれども、何時までも歸らないから非常に心配して居つた。さうすると夕方になつてケロリとして歸つて來た。一日山の上で考へたが、誠に神は愛だなあと悟つたと云ふ。只今申した樣に鱈腹喰つた後でどうして神は愛だと云ふ悟に達したか、兎に角ある經路を取つてさう云ふ所に到達したと見へる。私も隨分な喰ひしん坊で、あの地方には確か甘藷で造つた飴がある。それを喰べて居つた所へ横井さんがやつて來て、私は健次郎ですから横井さんが『健さん健さん』と云つて下から大きな聲で呼んだ。返事をしやうと思ふが、口に飴が一ぱい入つて居つてどうしても返事が出來ない。こんな苦しい思をしたことはありませぬ。食物の話は其の位にして、村井先生もそこの二階が涼しいものですから、よく本を讀みにお出でになつた。其時讀んでゐられた本は大變むづかしい本でヘンリー、ドラモンドの『心靈界に《ナチユヲル、ロー、》於ける自然法《イン、ザ、スピリチユアルウオールド》』と云ふのでした。所が或る日お出になつたら誰も居らぬものですからテーブルの上に靑大將が長々と寢て居たらしい。村井先生びつくりして、それ以來二階にお見えになりませんでした。私も蛇は嫌ひですから決して威張つて申す譯ではない。唯だ事實を申すだけであります。

所でそれから英語になつて行きます。其の頃エム君と云ふのが其處で英語の敎師をして居られました。それは夜學であつた。其の中にエム君が同志社に入學することになつた。そこで廢校になつて居る中學の二階でやつて居つたのであるが、それを私に引受けろと云ふことである。私は大嬉びで引受けた。十八歳で初めて其處で英語の敎師をやつた譯です。月謝が一ヶ月二十錢、それで生徒がかれこれ二十人位居つたですから中々私も身入りでした。其頃は國の父親から小使として五十錢づゝ貰つて居つた。五十錢でも親父は大變骨折りですから、今度獨立で生活をするやうになつたから五十錢は要りませぬと家へ云つてやつた。さうして一人二十錢で英語敎師をやつて居つたが、時々困つた。カッケンブスの『小米國史』を敎へるのですが、私は下讀みの本も何もない。それでぶつづけに讀んで行くものだから時々知らぬ字が出て來る。それを知らぬと云ふ譯にもいかぬから「一寸便所に行つて來ます」と云つて下に降りて辭書を引張つて調べて來る。それから少し行くと又知らぬ字が出て來る。さうすると又一寸便所にと云つて下に降りて行く。一晩に何遍便所に行くか分らない。其代り月末になると一人に付き二十錢づゝ貰つて、それで牛肉を買つて喰たり桃を買つて喰つたり致しました。丁度大正七年に私は三十三年振りで今治に參りました。中々人間にも歸還性があるものです。犯罪者でも必ず自分が犯罪した後或時日若くは或る年月を經て必ず其犯罪の場處へ行つて見るものださうです。愉快なことでも不愉快なことでも昔には歸つて見たいものと見えて、私も大正七年に三十三年振りで今治に行きました。實に見違へるやうになつて居る。煙突も澤山立ちまして、大變にあの邊りは綿ネルの盛んに出來る處で、元の中學の跡を見に行つたけれども何もありはしない。そこに横井先生も居なければ、村井先生も居ない。十八歳の私も居なかつた。もうそれは何處へか行つてしまつて居つた。さう云ふ風に今治の一夏はまだ今もつて忘れられない。一人前二十錢頂戴した時の嬉しさと、それと今話した知らぬ字に出ッ會はして下に降りて行く極りの惡さとは中々忘れられない事であります。

それで私は明治十八年の三月に來て一夏今治の中學校の二階にさう云ふ風に暮

しました。十九年の春早々村井先生は今治を去られることになりました。其頃は村井先生は副牧師でありました。村井先生の說敎は實に靈味の深いもので、私は其頃からの村井先生に就いての自分の感じを考へて見ると、私は果物が好きですが、皆さんも御存じですか知りませぬが、二十世紀と云ふ梨がありますね。あれは奈良、四國、中國あたりによく出來る。よく輸出などをする。皮が黃綠色で、あの肉が半透明に白く、甘味の中に何處か奥に酸味があつて、爽かであります。あの二十世紀の味が村井さんの味だとやつと思ひ付いた。別に村井さんを嚙つて見たこともありませぬ。今も嚙りませぬけれども、どうも村井先生の味はあの二十世紀の味だ、決して甘たるくない、奥にちやんとした酸味がある、それが喰べる者を爽かにする。村井先生は其頃、實に二十四五のリウとした好男子で、さうしてその說敎はリン〳〵鈴を振るやうな聲で、靈味の深い說敎をされる時には、男でも惚々するやうな感じがありました。さう云ふ村井先生ですから地震以來御無沙汰をして居る東京に出掛けて來てこんなに話したくもない話を皆さんにし、見せたくもない顏を皆さんに見せる譯です。其の村井先生が今治を去られる時、私もやはりへた小說家の末輩に連つて居りますから色々そんなことに氣を注けて居りましたが、黑い羽織に黃八丈か何かを着て、本當にリウとした男振りでした。送別の御馳走があつて、其後で村井先生は私を呼びなすつた。村井先生は中々私を可愛がつて下さつた。私の演說又他の青年の演說などを批評して下さつた。今日も何だか批評されて居るやうな氣持がします。十八になつた氣持ですね、大變いい氣持がします。さうして村井先生は別れる時に私をお呼びになつて、或る英書、本の名と人の名は忘れましたが、其中の言葉を引いて示された。その言葉はこう云ふことです。英語では忘れましたが、日本語では覺えて居ります。半分は英語で覺えて居ります。「神と人間の靈魂との交通は、要するに最初で最後で最上のものであり、それから總てのものが流れ出、それに總てのものが歸する」それからすべてが流れ出る、が面白いと村井先生は云はれました。それが別れの言葉になつた。私はそれをよく覺えて居る。

それから村井先生にはすつかり掛け違つてお目に掛りませぬ。英語界にお名が出て、それから色々可笑しいことですけれども例へば喇叭節などを誠に手に入つた英譯をして雜誌に出されたのをひよいと見たりすることがあつて、大變懷しく思ふたことがありましたが、大正二年に私の知つて居る者が外國語學校の露語科に入りたいと云ふので、其の時に私が手紙を差し出して村井先生にお願ひしまして、それから手紙の往復が始まりました。けれどもお顏を見たことは今年が初めてゞ、四十年振で顏を見ると成程誠にお爺さんになつて居られる。それは自分の顏も今日は剃つて來たけれども白髯です。自分の顏も此の位だから村井先生がお爺さんになられるのは當然かと思ひますけれども、やはり前に云つた二十世紀梨の爽かな甘味の奧に酸味のある、あのフレッシュなリフッシングなそれが村井先生にちやんと殘つて居る。

私は此處で內密のことを素ッ破拔いて宜いか惡いか知りませぬけれども、素ッ破拔きたいと思ひます。是れで村井さんのお氣に障つたならばお斷りします。けれども是非是れは一つ聽いて戴かなければならぬと思ひます。何故かならば、それ次第で私は今日此處に來るか來ないか分らなかつた。私は今村井先生が普通で云へばもう隱居してもよさゝうな年だと思ふのに、外國語學校で自分の生涯の一番いゝ、生粹なところを獻げられた後に、又斯う云ふ學校を始められると云ふそれに感激しまして、一度は何か村井先生に御禮をしたい心で、拙ないながらも斯う云ふ處へ參つて斯んな話をすると云ふことを承諾したのですが、最近學校の校名が第一外國語學校である事を知つた。私はうつかりして居りましたが、是れはどうも變だ、官立の東京外國語學校があり、大阪外國語學校もある。あれは廢校になつて居るかどうか。廢校になつては居ないやうだ。廢校になつて居なければ外國語學校と名乘るのはおかしいし、第一と冠せれば愈もつて官立めいて居る。村井先生のやうな立派な方が、多分是れはうつかりして、或は外に村井先生を助けて居られる人の思ひ付きか分らぬが、是れは千慮の一失ではあるまいかといふことを思ひ付きました。偖第一外國語學校と云つたつてよさそうなものですけれども、私は此頃大變やきもち燒になつた。女のことに就てばかりではありませぬ。一體のことに就いて非常にやきもち燒。それで此の名ですが、名と云ふことに就て非常に私はやかましい。日米の問題などもそれであんな馬鹿な亞米利加に日本人をやつて置くのはいやだ、引取つてしまひたいと云ふ程やきもちを燒いて居る位ですから、名と云ふことに就いて非常に深く感じます。私は決して官立萬能でもなければ、傳統一本槍でもなく、新しいものはズン／＼創造して行かなければならぬことを知つて居りますから、斯う云ふ學校が出來るのは當然だと思ひますけれども、併し名は正した方がいゝ。外國語學校はどうしても田舍の者の考では官立と思ふ。其の上に第一と云ふ名が付くと、それでは語學校に又第一が出來たかなど思ふ。例へば目白に日本女子大學があれば角筈に東京女子大學がある。大學と云ふ名が欲しいのは當然と思ふけれども、餘り感心しませぬ。此頃はあるかないか知りませぬが、上野の黑門町に黑燒の本家があれば、直ぐ隣角に又それと同じものがある。と云ふ風に盛るものの側には直ぐまぎらはしいものが顏を出す。兎に角卑怯な空巣狙的の穢ない根性が今日本を支配して居る。彼は彼我は我、立派に獨立した男らしい、すが〳〵しい、さう云つた風の所がなくなつて居る。だから、どう云ふ名でも勝手に附ける。又勝手に附けられる。まるで此頃の日本と云ふものは、公平に見たならば、至誠がない魂がなくなつて居る。皆の頭から天道様がすつかり蒸發してしまつて、何も頭に殘つて居らぬ。勝ちさへすれば、成功さへすれば、と云ふ我利我利根性が支配して居る。惡いことばかりする者が殘つて居る。そんなことをして居つては今に日本は亡んでしまふ。だから私は名を正す。分を正す。條理を立てると云ふことが非常に大切なことで、それが一番日本に缺けて居ると思ふ。今日本は過渡時代で、何もかも皆んなごつちやにしてしまつて居る。斯う云ふ學校でも新しく創設されたのであるから、新しい時代に合つて居るに違ひない。其の新しい時代に出來た學校にもつて來て、古い官立學校に紛らはしい名を付けると云ふやうな卑怯なことをするのではどうしても承知出來なかつたから、村井先生に激烈な手紙を差し上げた。そんな名を付けるのは僭越である。何故村井外國語學校、或は村井第一外國語學校とお付けにならない。自分の名を冠すると云ふことは非常に傲慢なやうですけれども、己に責任を脊負ふことですから、一番正しいことです。第一外國語學校とする方が生徒は來るかも知れぬ。村井第一外語學校と云ふては生徒は來ないかも分らぬ。來なくたつて宜いではないか。村井と云ふ名によつて來なければそんな馬鹿は來なくても澤山だ。私は村井先生を今云ふ通り信じますし、又村井先生を愛しますし、村井先生の是れまでの仕事が立派な仕事であつたことを知つて居りますから、是れから先の仕事も大變立派なものだと思ひます。けれども右いふ如き紛らはしい、間違つた名の下に學校を起されることは、非常に私の潔癖を害する。だから私は村井先生に手紙を差し上げた。如何ですか、諸君はまだ年が若いからそんなにないかも分らぬけれども、私は五十七になつて居るから多少經驗して居ります。なか〳〵我を折ると云ふことは出來難いものです。私などは先輩の言ことなどは滅多に肯いたことはない。同輩の言ふことも肯いたことはない。後輩の言ふことなどはてんで肯いたことはない。なか〳〵强情者です。それで其の時申したのは斯うなんです。如何ですか村井先生、どうしますか、さう云ふ校名の學校ならば講演にも何も上がることは出來ませぬ、……二三日後に講演を控へてこういふのだから體のいゝゆすりですね、金を取るゆすりではないけれども、兎に角村井先生に信用を失はしめる隨分亂暴なやり方です。この問題は英語の二三語新しいことを聴いたり、諸先生の經驗談を聽いたりするよりもより大切なことである。村井先生はわざ〳〵車を馳せて日曜日の日の暮れ〳〵にお出で下さつて、「私はもう名に就ては本當に無邪氣である」、と申された。私もそれはさう思ひました。村井先生は根性の惡い方でない。頗る淡泊です。やはり梨の淡泊なる如く淡泊である。又申さるゝには「それでうつかり校名を付けたが、さう云ふ風に誤解をして呉れては困る。然かし自分一人の經營する學校ではなく、五名の理事も居り、又同志の人々も居ることだから、何れ相談して見やうけれども、あなたの云ふことは私も同意だ、」と、斯う折れて下さつた。私は村井先生の手を握つて喜んだ。是れでこそ昔ながらのリウとした村井先生だ。ちつとも變つて居りませぬ。二十世紀梨の爽かな味がある。そこで私は喜んで村井先生の手を握り、而して今日斯く諸君の前に立つた次第です。

　斯んなことをむくつけに言ふ私もなか〳〵日本にそんなに腐る程居る男ぢやな

い。今誰がそんな眞實を諸君にでも言つて聽かす者が居りますか。皆青年の御機嫌ばかり取りくさつて居る。殊に女の御機嫌を取る馬鹿が多い。併し本當の友達と云ふものは、眞實をもつて行かなければならない。善を責むるは朋友の道。さう云ふことを言ふ私もなか〳〵えらいが、それを聽く村井先生は尙ほえらい。えらいにえらいが繫がるから、なか〳〵えらいことになる。だから諸君も一つ英語を勉强する時には、その意氣でしつかりおやりなさい。私はまだ色々言ふ積りだつたけれども、是れで止めます。又話す機會があるかも分らないが、今日は是れで止めませう。（拍手大喝采）

大正十四年一月十二日印刷
大正十四年一月十五日發行

英語研究苦心談
◇定價一圓九十錢◇

編纂者 第一外國語學校
右代表 村井知至

發行者 福永重勝
東京市京橋區南金六町九番地

印刷者 渡邊吉郎
東京市京橋區瀧山町五番地

發兌 東京銀座新橋際
振替東京五一五五一
文化生活研究會

解題

江利川春雄（和歌山大学教育学部教授・日本英語教育史学会会長）

本書の刊行事情

『英語研究苦心談　十六大家講演集』は、東京の第一外国語学校（村井知至《ともよし》代表）の編纂により、文化生活研究会から一九二五（大正一四）年一月一五日に発行された。英文タイトルのHOW TO LEARN ENGLISHが示すように、英語教育界を代表する一六人の大家たち（後述）が、自分の英語学習・研究に関する「苦心談」と学習法を講演したものである。

その内容はきわめて充実しており、英語教育史研究者の（故）松村幹男広島大学名誉教授は「この書物はこれまでに書かれた英語学習の自己史のなかでも白眉と称してよいものである」（松村一九八三、一一一ページ）との高い評価を与えている。

本書の成立事情に関して、編者の村井知至は「緒言」で次のように述べている（旧漢字は新漢字に改めた。以下同様）。

> 大震後満一年の本年〔一九二四年〕九月、私は同志の人々と相謀って、第一外国語学校を設立した。その開校の先駆として、七月二十三日から八月十日まで、岡田〔実麿《じつまろ》〕君と共に『村井、岡田夏期講習会』なるものを開催したのである。その際、我が英学界の巨星十数氏に、一場の講演によって私共に声援を与へられ、且つ諸氏の深奥なる学識と該博なる経験とを以て後進の啓発に資せられんことを懇請した。諸氏は第一外国語学校の設立に対して熱烈なる賛意を表せられ、私共に対する多年の交誼を重んぜらるゝと、又青年指導の為めには如何なる犠牲をも敢てせらるゝ素志とによって、人も知る如く多忙の身でありながら、その貴重なる時間を割愛され、炎暑をも厭はれずして、私共の願を快諾されたのである。

このように、本書のもとになった講演会は、一九二四（大正一三）年七月二三日から八月一〇日に東京で開催された「村井、岡田夏期講習会」において行われた。それは、村井知至が校長となって九月から開講する第一外国語学校の設立祝賀イベントでもあったのである。

その反響ぶりについて、村井は次のように述べている（『蛙の一生』三〇三ページ）。

兎《と》に角是等《かくこれら》の大家が顔を揃へて一堂に講演さるゝといふことは、未だ曽《かつ》て例なきことにして、唯此《ただこの》一事に徴しても、如何に我学校の創立が世の注意を惹き、又その歓迎を受けたかが想像さるゝのである。

主催者としての自画自賛はあるにしても、村井自身を含めて、当代一流の英語教育関係者および徳富健次郎（徳冨蘆花）のような有名作家までをも講師に招いたのであるから、大きな反響があったようである。

一六大家の演題・所属・氏名

各講演者の演題等は次の通りである（演題は目次ではなく、各中扉の表記による）。なお、第一外国語学校の講師だったことが判明している人物については、その旨を追記した。

一　英語研究苦心談（第一外国語学校長　村井知至）

二　ハウ・ツウ・ラーン・イングリッシュ（衆議院議員　植原悦二郎）

三　私の経験（東京商科大学教授・第一外国語学校講師　山口鍖太《じんた》）

四　グーアンの外国語習得法（早稲田大学教授　安部磯雄）
五　英語研究の根本義（元東京高等師範学校教授　塩谷《しおや》栄）
六　英語の綴字、発音、語原等に就いて（早稲田大学教授　岸本能武太《のぶた》）
七　ファストリーディング（東京外国語学校教授　吉岡源一郎）
八　英語学修の一注意（学習院教授　熊本謙二郎）
九　語学研究漫言（第一高等学校教授・第一外国語学校講師　森巻吉《けんきち》）
一〇　活きた言葉の学び方（第一外国語学校副校長　岡田実麿）
一一　如何にして英語を学ぶべきかを如何にして学ぶべきか（東京朝日新聞編集長　杉村広太郎）
一二　HOW TO LEARN ENGLISH（井上十吉）
一三　英語発音の科学的研究（小林光茂）
一四　英語界の大遺利（第一高等学校教授・第一外国語学校講師　村田祐治）
一五　商業英語に就いて（早稲田大学教授　武信由太郎《たけのぶ》）
一六　村井先生（小説家　徳富健次郎〔徳富蘆花〕）

第一外国語学校について

本書のもとになった講演会を企画・開催した第一外国語学校は、私立の予備校である。村井知至を校長、岡田実麿を副校長として、一九二四（大正一三）年七月三一日に、東京市本郷区金助町（現・文京区本郷三丁目）に開校され、同年九月一一日より授業を開始した。

学科は、英語初等科、英語中等科、英語受験科、高等受験科、独逸《ドイツ》語科、女子英語科、実用英語科、英語通信教授の八コースである。教授陣には、岡田実麿、村井知至、堀英四郎、山田惣七、山崎壽春《としはる》、山口鍖太《じんた》、森巻吉《けんきち》、牧一《いつ》などの錚々たる英語教育者が名を連ねている（『官報』第三五九二号、一九二四（大正一三）年八月一三日の生徒募集広告より）。

校名に「第一」を冠した理由を、村井は「第一とも云はれる位内容の充実した価値ある学校に作り上げたいといふ、理想に対する謙遜な憧憬を洩した名称なのである」（『蛙の一生』三〇六ページ）と述べている。

村井らの知名度の高さもあり、「新入生は殺到し来り、忽《たちま》ちにして其数千人を突破するに至った。その後年一年と学校は進歩発展して、生徒の数は平均二千を下らず、講師の数は七十有余人といふ厖大なるインスチユーションとなった」（同書、三〇三〜三〇四ページ）という。同校は校外生向けにも『第一外語受験旬報』を刊行している。

しかし、その数年後に村井が第一外国語学校との関係を断つと、同校の経営権は一九三四（昭和九）年三月に設立者の金沢マサから日本大学に譲渡され、翌年三月に日本大学第一外国語学校と改称された。その後の詳細は不明であるが、戦時下で廃校になった可能性が高い。

なお、第一外国語学校の「私立学校設立認可申請書」「第一外国語学校学則」および創設者である村井知至の履歴資料は、東京都都政史料館編『東京の各種学校』（一九六八）に掲載されている。

校長の村井知至

校長の村井知至《ともよし》は、文久元年九月一九日（一八六一年一〇月二三日）に伊予松山（現・愛媛県松山市）に松山藩士・村井勘蔵の子として生まれた。一八七五（明治八）年に愛媛県英学所（夏目漱石が教えた松山中学校の前身）に入所、翌年上京し、三菱商業学校入学（二年後に退学）。一八七八（明治一一）年に横浜の商館に丁稚奉公したが英語がわからず、横浜の「宣教師の学校で、バラ〔John Ballagh〕と云ふ米国宣教師の経営して居た先志学校」に入学してミス・ブラウンからマスタリーシステムで発音を厳しく教えられた（本書一二ページ）。ただし、学校名は記憶違いだと思われる。バラの学校は高島学校と呼ばれた藍謝堂《らんしゃ》で、一八七六（明治九）年に廃校となった。先志学校はワイコフ（M. N. Wyckoff）が一八八一（明治一四）年に横浜に開いた私塾であるから、共に年代が合わない（『東京の各種学校』、一九〇ページ）。

一八七九（明治一二）年に京都の同志社英学校（現・同志社大学）普通科三年に編入、新島襄の強い影響を受け、一八八四（明治一七）年六月に安部磯雄・岸本能武太（共に講演者）らと卒業。そのまま神学科に進んだが、安部磯雄とともに退学。愛媛や香川でキリスト教の伝道に従事するが、一八八九（明治二二）年に渡米し、マサチューセッツ州のアンドーヴァー神学校を一八九三（明治二六）年に卒業。帰国して東京・本郷教会の牧師となったが、一八九五（明治二八）年に再渡米してアメリカ各地での講演旅行を行い、一八九六（明治二九）年にアイオワ州立大学社会学科に在籍、キリスト教社会主義思想を身につけ、翌年六月に帰国した。

一八九八（明治三一）年一〇月に安部磯雄・片山潜・岸本能武太らと社会主義研究会を結成し、会長に就任。翌年七月には『社会主義』を労働新聞社から刊行した。同書は「日本社会主義思想史上初めての体系的な社会主義の理論書といわれる」（太田一九九一、四七ページ）。しかし、村井はしだいに社会主義から遠ざかり、英語教育に専念するようになる。

一八九九（明治三二）年三月には、高等商業学校附属外国語学校の英語講師となった。直後の四月に同校は東京外国語学校（現・東京外国語大学）に改称され、同年一〇月に村井は教授に昇任した。彼は多数の英語教科書や参考書を出版したが、なかでも東京外語時代の同僚だったA・W・メドレーと共著の英作文教科書は一世を風靡した。

一九一八（大正七）年に起こった東京外国語学校の校長との確執で村井は辞意を固め、一九二〇（大正九）年一一月に依願退職。明治大学商学部兼大学予科教授嘱託となり、一九二四（大正一三）年七月に創立された第一外国語学校の校長に就任した。

しかし、村井は一九二九（昭和四）年にまたも渡米し、やがて第一外国語学校との関係を絶った。一九四四（昭和一九）年二月一六日、逗子の自宅で逝去（享年八二歳）。

自伝『蛙の一生』（警醒社、一九二七）があるほか、同志社大学人文科学研究所から『村井知至関係資料目録』（二〇〇七）が出ている。

副校長の岡田実麿

岡田実麿《じつまろ》は一八七八（明治一一）年二月一日に広島県甲奴《こうぬ》郡上下村（現・府中市上下町）に、キリスト教徒の岡田胖《はん》十郎の長男として生まれた。妹の美代子は、田山花袋の小説『蒲団《ふとん》』のヒロインのモデルとなった。実麿は小学校低学年よりアメリカ人宣教師ギュリッキに英語を学ぶ。一八九七（明治三〇）年六月に同志社を卒業。翌年四月に慶應義塾高等普通科を卒業し、五月に慶應義塾大学部文学部に入学したが中退し、時事新報社に入社。一九〇〇（明治三三）年五月に時事新報社を退社し、渡米。一九〇二（明治三五）年六月にオハイオ州のオベリン大学を卒業し、帰国した。

一九〇四（明治三七）年四月に神戸高等商業学校（現・神戸大学）講師嘱託となり、一九〇六（明治三九）年に教授に昇任した。一九〇七（明治四〇）年九月に第一高等学校（現・東京大学）教授。一九二四（大正一三）年四月に同校を退職し、明治大学予科教授嘱託となった。第一外国語学校の創立に際し設立委員の一人となり、副校長として経営に参画した。一九四三（昭和一八）年八月一一日、明治大学在職のまま逝去（享年六五歳）。多数の英語参考書を世に出している。

他の講演者の略歴

村井知至、岡田実麿以外の講演者の略歴を登壇順に紹介したい。肩書きは講演当時、出身地は現在の都道府県とした。

植原悦二郎（一八七七〜一九六二）　衆議院議員。長野県出身。一九〇七（明治四〇）年にワシントン州立大学を卒業。一九一〇（明治四三）年にロンドン大学大学院修了、政治学博士。帰国後は明治大学教授、立教大学教授、国務大臣を歴任。

山口鍖太《じんた》（一八七一〜一九三二）　東京商科大学（現・一橋大学）附属商学専門部兼予科教授。神奈川県出身。小田原足柄英和学校卒業。一八八八（明治二一）年にワシントン州立大学に留学、社会学修士。帰国後は山口高等学校（現・山口大学）教授を経て東京商科大学専門部・予科教授。

安部磯雄（一八六五〜一九四九）　早稲田大学教授。福岡県出身。村井知至と共に日本における初期社会主義の先駆者。一八八四（明治一七）年に同志社英学校普通科卒業。渡米し、ハートフォード神学校やベルリン大学に学び、一八九五（明治二八）年に帰国。同志社教授を経て一八九九（明治三二）年に東京専門学校（現・早稲田大学）講師、一九〇七（明治四〇）年に教授。一九二八（昭和三）年より衆議院議員、戦後は日本社会党顧問。

塩谷《しおや》栄（一八七三〜一九六一）　元東京高等師範学校（現・筑波大学）教授。千葉県出身。築地の東京英和学校（現・

青山学院）、第一高等中学校（現・東京大学）卒業、帝国大学理科大学中退。中学教師を経て、米国シカゴ大学で英文学の修士号取得、エール大学に学ぶ。帰国後、東京外国語学校（現・東京外国語大学）講師、東京高等師範学校教授を歴任。

岸本能武太《のぶた》（一八六五～一九二八）早稲田大学教授。岡山県出身。一八八四（明治一七）年、安部磯雄、村井知至らと同志社英学校普通科を卒業、一八八七（明治二〇）年に同志社神学校卒業。渡米し、一八九四（明治二七）年にハーバード大学卒業（宗教学）。帰国後、東京専門学校講師、東京高等師範学校教授、早稲田大学高等師範部（現・教育学部）教授を歴任。

吉岡源一郎（一八七〇～一九四二）東京外国語学校教授。岡山県出身。同志社を卒業後、渡米。一九〇二（明治三五）年にノースウェスタン大学を卒業、シカゴ大学大学院で一九〇七（明治四〇）年に博士号取得。早稲田大学講師を経て、一九一〇（明治四三）年に東京外国語学校教授、一九三三（昭和八）年に退官。

熊本謙二郎（一八六七～一九三八）大阪府出身。大阪専門学校（後・第三高等学校、現・京都大学）を卒業後、東京大学予備門を経て帝国大学に入学したが病気退学。中学校教師を経て一八九八（明治三一）年に第三高等学校教授。東京高等師範学校教授を経て、一九〇二（明治三五）年に学習院教授。その後は早稲田大学高等師範部教授、津田英学塾（現・津田塾大学）評議員などを歴任。

森　巻吉《けんきち》（一八七七～一九三九）第一高等学校教授。東京都出身。一九〇四（明治三七）年に東京帝国大学（現・東京大学）英文科卒業。第一高等学校教授（のちに校長）、松本高等学校校長、法政大学高等師範部部長などを歴任。

杉村広太郎（楚人冠）（一八七二～一九四五）東京朝日新聞編集長。和歌山県出身。一八九〇（明治二三）年に東京の国民英学会卒業。英吉利《イギリス》法律学校（現・中央大学）等にも学ぶ。京都本願寺文学寮や正則英語学校（現・正則学園

高等学校）で英語を教える。村井知至が会長だった社会主義研究会の会員だった。一九〇三（明治三六）年、東京朝日新聞社に入社。

井上十吉（一八六二〜一九二九）所属の記載なし。徳島県出身。一八七三（明治六）年に一〇歳でイギリスに留学。キングス・カレッジを経て、一八八二（明治一五）年に王立鉱山学校を卒業。帰国後は第一高等中学校教員、外務省翻訳官・一等書記官などを経て、一九二四（大正一三）年に甥の柴山格太郎と井上通信英語学校を設立した。この間、多くの英語辞書、教科書などを執筆。

小林光茂（一八六四〜一九三二）所属の記載なし。長野県出身。カナダ・ビクトリア大学で神学と哲学を専攻。帰国後は牧師となり、鉄道教習所の英語教師も務めた。一九二三（大正一二）年には米国サンフランシスコで開催された万国教育大会に出席、音声学に関する講演を行った。

村田祐治（一八六四〜一九四四）第一高等学校教授。千葉県出身。一八九一（明治二四）年に帝国大学英文科選科を修了。学習院教授を経て、一八九五（明治二八）年に第一高等学校教授。退官後は斎藤秀三郎が創設した正則英語学校の校長を務めた。

武信《たけのぶ》由太郎（一八六三〜一九三〇）早稲田大学教授。鳥取県出身。一八八四（明治一七）年に札幌農学校（現・北海道大学）を卒業。中学校教員、ジャパンメイル記者、ジャパンタイムズ記者などを経て、一九〇五（明治三八）年に早稲田大学講師、一九一二（明治四五）年に教授。

徳富健次郎（徳冨蘆花）（一八六八〜一九二七）所属の記載はないが小説家。熊本県出身。同志社英語学校に学ぶ。小説『不如帰《ほととぎす》』（一八九八〜九九）、随筆『自然と人生』（一九〇〇）、大逆事件直後の講演「謀叛論」（一九一一）などで人気を博した。

このように、一六大家たちのほとんどが明治前半期に英語を学んだ世代である。注意すべきは、講演者たちの多くが村井知至と接点のあったことである。そのため、村井と同じ同志社の出身者が五人もいる。また、大家と呼ばれた人々だけに、一六人中一〇人（六三％）が留学している。留学先は、井上十吉のイギリスを除く九人がアメリカである。

本書で提示された学習法の特徴

本書で述べられている一六大家たちの学習法の特徴に関しては、松村（一九八三）が次のように分析している。

一　反復練習と暗記暗誦……ほとんど全員がこれらの重要性を強調している。その大前提に復習がある。よく理解したことを何度も繰返して読み、暗誦する。山口は次のように記している。

要するに語学の上達はレピートである。レピートすればハビットになる。最初之をするときには一寸《ちょっと》困難であるが、二度目には最初より幾何《いくばく》か楽になる、三度目繰返すときには尚ほ楽になる。さうして知らず識らずそれがハビット（習慣性）になって、終には自由に応用することが出来るやうになる。しかし最も初めには正確な発音を耳に入れるといふことも必要であります（九一〜九二ページ）。

二　多読と速読……一六名中このことに触れているのは、山口・吉岡・森・井上・熊本の五名である。

三　話しことばの先行……耳→口→目→手という順序をふまえて述べているのは植原と岡田であり、耳から英語を入れることを説くのはこれ以外に、安部・塩谷・熊本・井上などである。

四　自己の言語生活との一体化……塩谷は英語と自分の日常生活との関連づけを重視し、日記・紀行文・感想文を英語で書くことをすすめ、森は英語の雰囲気のなかに浸りこめと説いている。

五　英英辞典の使用……森は英英辞典を使うことをすすめ、村田は語源研究の効用を説いている。

六　英字新聞の購読……森や井上は英字新聞を英語学習にとり入れるのがよいとしている。

七　蓄音機の利用……植原は、外国人に接してできるだけ多くの正しい発音を聞くのがよいとし、それができない環境では蓄音機で外国人の演説などを聞くことをすすめている。

このように、本書には今日の英語学習にとっても示唆に富む学習法がふんだんに盛り込まれている。なお、安部磯雄が講じた「グーアンの外国語習得法」および戦前期を中心とした英語大家たち一一名の英語学習法の特徴については、それぞれ本シリーズ第六巻と第八巻の解題を参照されたい。

これら大家たちの英語学習法を、レベルや学習目的に沿って必要なアレンジを加えつつ、積極的に活用していただきたい。

【原本の判読困難な箇所】

二七ページ　最後の四行の下部

「暑中休暇を使用して**演説旅**行をやった。（中略）暗誦した。**それ**から一番（中略）ニューハン**プ**シヤイヤ洲の（中略）日本人が来たと云ふので**大**評判…」

参考文献

太田雅夫（一九九一）『初期社会主義史の研究—明治三〇年代の人と組織と運動』新泉社
大村喜吉ほか編（一九八〇）『英語教育史資料5』東京法令出版
田中真人（一九九六）「村井知至—『社会主義』以後」同志社大学『キリスト教社会問題研究』第四五号
東京都都政史料館（一九六八）『東京の各種学校』（都史紀要一七）＊手塚龍麿執筆
松村幹男（一九八三）「『英語研究苦心談』に見られる英語学習史」『中国地区英語教育学会研究紀要』第一三号
村井知至（一九二七）『蛙の一生』警醒社書店

英《えい》語《ご》教《きょう》育《いく》史《し》重《じゅう》要《よう》文《ぶん》献《けん》集《しゅう》成《せい》　第七巻
英《えい》語《ご》学《がく》習《しゅう》法《ほう》二《に》

二〇一八年一一月二六日　初版発行

監修・解題　江《え》利《り》川《かわ》春《はる》雄《お》
発行者　荒井秀夫
発行所　株式会社ゆまに書房
東京都千代田区内神田二-七-六
郵便番号　一〇一-〇〇四七
電話　〇三-五二九六-〇四九一（代表）
印刷　株式会社 平河工業社
製本　東和製本 株式会社

定価：本体一七、〇〇〇円+税
ISBN978-4-8433-5460-5 C3382
落丁・乱丁本はお取替えします。